在爱中成长

孙瑞雪　著

中国妇女出版社

著名儿童教育专家
孙瑞雪告诉你

真正的教育，
真正的爱

这是
“爱”孩子的书，
而不是
“教”孩子的书！

孙瑞雪

中国著名的教育家、儿童心理学家；

“爱和自由，规则与平等”教育精神的创始人；

“完整的人和完整的成长”教育思想的创始人；

在蒙特梭利提出的“儿童敏感期”概念和五个敏感期现象的基础上延伸、发展和创立了完整的“儿童敏感期理论”；

著有教育专著《爱和自由》《捕捉儿童敏感期》《完整的成长》《在爱中成长》；

诗集《我看见了你》成为支持女性成长的疗愈书；

多次做客中央电视台《人物新周刊》《心理访谈》《半边天》等栏目，讲述“爱和自由”的教育；

2006年、2007年，中央电视台走进孙瑞雪教育机构幼儿园，连续拍摄16集《敏感期》专题片；

2009年，被评选为“中国教育杰出人物”；

2023年，被中国家庭教育学会授予“家庭教育公益形象大使”；

连续多年上榜当当网“影响力·教育名家”。

在孙瑞雪老师的带领下，“爱和自由”教育团体深深根植于中国本土文化，以蒙特梭利、卢梭、皮亚杰等经典教育学、现代心理学理论为基础，30余年高度专注于教育实践和科学研究，创造、建构、发展和不断完善着“爱和自由，规则与平等”的思想理论系统、教育教学系统，“完整的人和完整的成长”教育思想系统，敏感期理论系统，以及“爱和自由”学校教育体制、教学管理系统，建立和实践出不断更新的适用于家庭建设、父母自我支持和帮助养育者了解儿童的“在家爱和自由”父母课程。

“爱和自由”公众号　孙瑞雪聊教育视频号　“爱和自由”教育基地　“爱和自由”父母课堂

目　录

CONTENTS

目 录

开篇

儿童最早期的精神生活就是爱

爱是深刻的联结

人出生后，生命是孤单无力的。你可以想象一下，当一个婴儿被孤立地放在那儿的时候，他的生命无任何与人互动的能力，境遇使这个生命就此被卡在那里，慢慢地在被孤立中流失。但当一个人爱他的时候，这个孤立的生命就和这个爱他的生命联结在了一起，弱小的生命开始扩展、发育、成长，生命的活力就被激活了。他知道了自我之外，有其他的存在，他归属于这个爱他的人，这份爱营造了一个婴儿需要的环境。所以儿童才会说“我的妈妈”“我的爸爸”。

这就是爱给一个初始的生命带来的光明境遇。所以我们才会说，爱是深刻的联结，能带来归属感。

从这个基石开始思考，我们就能知道有些成人没有归属感，没有关系中的那个深刻的联结，问题究竟源于哪里？爱。爱让一个成人同样也拥有归属感，同样也让一个成人打开他孤立无援的世界，同样会让他的感知世界和认知世界获得崭新的领域，心智得到最快的扩展。这就是归属和联结给人带来的改变和成长。

它多么像我们生命内在的神经系统，通过神经元的不断链接而发展人的神经网络系统。爱恰恰起到的就是这样一个链接的作用，它让我们的生命在这个广袤的物质世界和宏大内在的精神世界展开了一个尽可能的链接，以便扩展。这就是爱所能达到的。

我的一个朋友学识极高，智慧也高，我问他：“你的家人是否因为你而见识不凡。”他说：“没有爱，就不会有发生和成长。”

爱是和谐的环境

蒙特梭利说：爱就是和谐的环境。这是对爱的另外一个解释。她的意思是说，爱创造了一个非常积极的、和谐的情感氛围。在这个有温度的情感氛围中，孩子生活在里面的感觉是温暖的，他可以在这个氛围中产生安全感、愉悦感，并能够在这个氛围中成长。

所以，和谐的环境成为我们评估幼儿园环境、家庭环境的一个度量衡。

有一次一个孩子说："我不愿意去那个厕所。"我问："为什么？"他说："好凄惨哦。"我难以想象这个凄惨感是什么，我站在卫生间发现，那个卫生间的氛围非常的冰冷，一点温度都没有。这正像另一个孩子问妈妈的话："妈妈，为什么坏人都待在又脏又混乱的地方呀？"

温暖就是爱。家庭里没有爱，每个人都是孤立的状态，家庭的氛围也会呈现一种荒凉感，这就是这个孩子的感觉。

许多人生活在成员之间没有联结、没有爱的家庭中，时间久了，人的生命力就会低落，看上去人变得麻木，"承受力"似乎也高了起来，但生活是死寂的。

有一次我家里来了一位亲戚，她待在家里时间一久，开始出现她自己家里的生活模式。她站在煤气灶前做饭，我看到她的后背，感觉像一堵冰冷的墙。那一刻，我身体的不适感使我立刻转身就走，我意识到：她跟她家庭成员的关系可能就是这样的，而我没有生活在这样的处境中，显然我承受不了这样的冰冷。我拒绝吃那顿饭，因为我感觉那些食物里没有爱的能量。

没有爱的氛围和环境，儿童的成长就会被剥夺，因为环境的恶劣会把儿童成长的注意力抢夺过去，儿童为了生存而不得不去应对。但是，在爱的环境中就截然不同了，爱可以激发孩子的生命力和创造力。这一点，我想每个人自身都是有体验的。

如果你生活在一个有爱的环境中，你的生命就是被滋养的，你的生命力就是活跃的，你活跃的生命力就是富有创造力的。这个创造力指的是你在创造一种生活、一种氛围、一顿饭和家庭的一个活动。

这也是我对孩子、对家庭生活、对婚姻的一个标准。无论我的孩子多大了，是 3 岁还是 30 多岁，我都会对他表达我的爱。道晚安的时候，我会像小时候那样，对他说："晚安。儿子，我爱你。"我早晨起床后的第一件事，就是拥抱我的先生。我付出的爱让我感到荣耀，因为我创造了一个有爱的生活环境，它变成了我的生活、变成了我的意识、变成了我的精神、变成了我的思想，让我满怀生命力地去创造，让我深刻地理解到爱是生命的法则。

爱是情感深刻的体验

人们对爱的记忆总是如此的深刻。当然，我说到"记忆"这个概念可能更多的是针对成人。成人对爱是能产生回忆的，所以人们喜欢恋爱，喜欢回忆恋爱时的那种温情的感受。因为爱是生命中最深刻的体验，这种体验总是能把我们的生命力激发出来，让我们的生命产生一种旺盛的、蓬勃的生机，这种旺盛的生命力区别于我们平常无爱时平庸的状态，所以我们都渴望爱。

当你被深深爱着时，你内在的感受是什么？你此刻就被深深爱着，而且你将永远被爱着，无条件被爱着……你这样对自己说："我是被深深地爱着的！"仅仅是这句话，它带给你的感受是什么呢？希望、美好、激情、活力、意义都将被唤起。爱会唤醒一切沉睡中的生命。

如果爱是一种深切的体验，那么体验一定发生在我们的内在。

爱，像魔幻一样，会瞬间让人的内在变得美好、变得敞开，让人更容易跟其他人产生联结。当你的世界不断地扩展，你就更容易以爱的想法、以爱的价值观、以爱的思想去选择，去面对你所面临的问题。这就是思想形成的过程。直到这个思想成为你自己的，去创造你的生活。

对儿童来说，儿童不回忆爱，儿童把爱吸收为自己生命里的一部分，和自己的生命融为一体。因为爱的体验是如此的深刻，所以儿童就把这种体验内化在了生命里。

我的同事告诉我，每次在她遇到困难、情绪低落或是发脾气时，她的儿子都会拉住她，不断地对她说："妈妈，妈妈听音乐，听音乐。"她以为是孩子要听音乐，就把儿子推开，儿子一遍又一遍地说。只要她不愉快、情绪不好的时候，儿子都会说："妈妈，我们来听音乐。妈妈，我们来听音乐。"直到有一天，她猛然开悟，发现孩子是想透过听音乐的方式支持她、帮助她、调节她的情绪，但是她始终没有理解。那一刻，她哭了。她说："我和我儿子核实时，我儿子一下子释然了，使劲点头。"孩子获得了爱，也学会了给予爱。这个孩子仅有 3 岁。

正如一个小朋友所说："我和我妈妈什么都不用做，什么也不用说，我妈妈看着我，我也看着我妈妈的时候，我们都知道我们是爱的。"这种体验长久之后，就生成了一种爱的情感。

这就是儿童在爱中成长的历程。儿童在小的时候就开始实施这种价值倾向了，就开始形成了一种最早期的思想雏形，就开始依此雏形去选择自己的生活了。

爱是对存在的肯定

今天很多成人都喜欢说"刷存在感"，为什么要刷存在感？是因为"我"

不存在了吗？“我”就站在那里，“我”的肉体就存在那里，占有一个空间，但是为什么“我”的感觉是“我”不存在了呢？“我”的存在发生了什么而不存在了？这完全来自内在的感觉。当恐惧超出你承受的范围，当羞耻超越了你承载的限度，当紧张过头的时候……它们太大了，大过了“我”，“我”就不存在了。这些弥漫在“我”的内在，“我”成为恐惧、“我”成为羞耻、“我”成为紧张……“我”就被这些替代了。而爱可以让“我”存在那里，“我”是被接纳的，“我”可以感觉到“我”存在“我”的身体里。这就是尊严感，存在感就是一种天然的尊严感。

我曾经记得有一位小朋友，第一天到一所中学报到，老师训斥了全班的孩子，教导了全班的同学……这一个早晨她完成了报名的所有事情。回家的路上，孩子脸色煞白，她对妈妈说：“我太累了。妈妈，我一直不让我离开，让我就在那里，我一直坚持着。”孩子实际想说的是：“我一直让我自己存在着。”这位妈妈说，孩子回家后在沙发上睡了一下午。

我常常看到一些大人，在权威面前会瞬间不存在，变成了一个没有自我的小孩。如果他的童年是在爱中长大，那么他的存在感会一直在那里，一直在那样的环境中逐渐大起来，自我坚定起来，自我宏大起来，那么他未来无论遇到什么样的人，他的自我都不会被吞噬。不是对方吞噬了他，而是他被自己内在的情绪创伤吞噬了。

儿童的可爱之处在于意识总是安住在自己的身体里，绝不会自己跑出来。儿童的意识是如何跑出身体的呢？一遇到这样的命题，我的脑海里就瞬间出现德国绘本名家尤塔·保尔的《大嗓门妈妈》，绘本描写了一只小企鹅的一天。

今天早上，我妈妈冲着我大声吼叫——那声音，把我震得四分五裂。

脑袋飞上了宇宙。

身体掉进了海里。

翅膀迷失在热带雨林。

嘴巴落到了山顶。

屁股湮没在嘈杂的城市里。

只有双脚依然站在那里，然后开始不停地奔跑、奔跑……

我想寻找，但眼睛却在宇宙里。

想大喊，但嘴巴却在山顶上。

想飞翔，但翅膀却在雨林里……

夜幕降临了，疲惫的双脚来到了撒哈拉大沙漠。

这时，空中投下了一个巨大的影子。

大嗓门妈妈找回了所有的碎片，把它们缝在了一起。

就缺两只脚了。

最后找到了我的脚，这下全缝好了。

“对不起……”大嗓门妈妈温柔地说。

字数不多，但描写了孩子在恐惧时，意识是如何离开自己的过程。它震撼了我的心灵。

我常常感慨这个绘本作家太了解孩子了，她描述得太形象了。有一次，我在幼儿园接待一个刚入园的孩子，这孩子站在我的面前和我对视的瞬间，我感觉他就僵住了，他的自我就像那只小企鹅一样不存在了。他的眼神迷离，不是恐惧的眼神，而是恐惧后瞬间僵住的状态。我知道这个孩子在家里的时候可能被吓着了。不知道他的妈妈还是爸爸是那个“企鹅妈妈”。只要你用肉眼观察，就能看到他迷茫的眼神，感受到他的身体像一具空壳。

家长如何管教孩子？老师如何管教孩子？我们把孩子的当下是否存在作为一条观察的底线。超出这条底线的任何管教都是过头的、暴力的。尊重这条底线，你的管教就是得当的。对存在感的承诺，是我们对待人的底线，是我们尊严的底线，是我们对待弱者的底线。

爱，还是对存在感的承诺。

爱激发对他人的关怀、责任和承担

我们这样理解一个成人。当一个成人爱上另外一个成人的时候，这种爱会激发他自发地去关怀所爱之人，自发地承担起对他人的责任。这种对他人的关怀、责任以及承担，还会给爱者带来一种巨大的喜悦感、幸福感和满足感，甚至是荣耀的感觉。而一旦这种爱消失的时候，关怀、责任以及承担可能就此消失，甚至全部消失。从这个发展过程来看，你可以发现人们是喜欢承担责任的，人们是喜欢关爱别人的，前提是爱必须存在那里。关怀、责任以及承担必须与爱联结在一起，关怀、责任、承担才变得有幸福感。也就是说，爱使人关心他人的幸福指数。当爱消失的时候，承担和责任就变成了一种负担。

是爱激发了人们的关怀、责任和承担。

父母对孩子的爱是最持久的爱，我们从孩子一出生就开始爱着孩子，让孩子在爱的浸润中长大。这样，孩子就学会了用这样的爱去关注他人，不是只关注他所爱的那个对象，而是对普遍的人所产生的普世的爱。所以，很多父母都能发现儿童对小动物特别感兴趣，这就是儿童在练习把父母给予自己的爱回报给其他生命的一种模仿式的行为模式。

在儿童小的时候，爱让儿童已经能够看见别人，能够换位思考，能够关怀其他人的情感和痛苦，并且也乐于分担别人的责任。在我们的幼儿园里，新来的孩子在午休时总是会哭闹，常常有大孩子对老师说："老师，你把这个孩子交给我来照顾，你去忙其他的事情吧。"当这个大一点的孩子抱着这个小孩子，没多久，这个小宝宝就安静地睡着了。我一直相信这种在童年获得爱的孩子，长到 5 岁多时，他身上爱的能力可能大于成人。因为有许多的孩子，他们自主地去帮老师做事，自主地去关心比他们小的孩子，自主地承担一些责任。这种自主性恰恰说明是爱激发了他们对他人的关心。

一位老师曾经对我说过这样一件事，她说："我刚到幼儿园当老师的时候，非常无措，我不知道该做什么，其他的老师也没有时间照顾我。那天下班的时候，我一个人难过地站在教室里，我们班的一个大孩子，她一直默默地站在不远处，关注着我……她默默地走到了我的身边，拉起我的手对我说：'等你熟悉了，就会好的。'那是一天当中第一个安慰我的人，我的眼泪一下子就流了出来，因为她是那样的温柔、贴心。当我们一起走到大厅的时候，我发现她妈妈一直在安静地等着她，我又一次被感动了。我也不知道我为什么又被感动了。"

我猜想，当她看到这位孩子的妈妈在等待她女儿的时候，这位老师又感受到了爱。

这种故事在幼儿园里不胜枚举，因为我们老师的童年所获得的爱并没有这些孩子那么多。今天这个时代，这种文化让我们越来越多地感受到了爱在我们生命中的重要性、爱在我们文化中的重要性、爱在我们社会中的重要性。无数父母真切地在爱着他们的孩子，老师也学着在爱中成长，所以他们经常会收到孩子们对他们的爱。不止一位老师对我说，孩子的爱让她流泪。也许这就是最高的回报吧。

我同样可以感受到我的孩子对我的爱，我时时都能感受到，而且我发现我孩子的爱力是大过我的，因为他更加包容，更能够承担责任。

爱让人感受到意义与价值感

爱，不仅让人拥有了幸福感，而且还让人感受到活着的意义、活着的价值。

这就是爱给人们带来的。爱能够让一个人站在他人的角度去看待他人，去关心他人，去为他人着想。

现在，我来解释“给儿童过精神生活，就是给予儿童的爱”。

为什么这么说呢？我们说爱是至善，爱是至真，爱是至美，为什么要通过让儿童过精神生活爱儿童呢？

我和同事一起去看芭蕾舞，同事带着4岁多的女儿。演出结束时，我们从大剧院出来。下楼梯的时候，小女孩突然站住，她把她的脚像芭蕾舞舞者那样伸出去、落下去，另一只脚伸出去，再落下去……双脚充满了觉知。所有下楼梯的成人都静静地欣赏着，并等待她一级台阶一级台阶地走下去……

那年，我们开嘉年华，发送礼品时，她妈妈让她上台去领。她迈着舞步，跑到礼品前，行了一个芭蕾舞式的礼，才拿上礼品。

同事对我说，她的女儿对艺术有奇特的感受力，她听莫扎特的音乐，竟然坐在那儿泣不成声，边听边哭，抹着眼泪自言自语地说：“太美了，太美了，太美了。”同事觉得很奇怪，为什么女儿有这样强烈的感受呢？隔了一会儿，她做完饭喊女儿吃饭。女儿说：“我不吃。”我对同事说：“你太粗糙了，你女儿说太美了、太美了，你竟然喊着吃饭。人家在过精神生活，所以你在打扰她。”

我常给家长推荐一些音乐作品:《莫扎特效应》，维塔斯的《我母亲的歌》演唱会CD，帕瓦罗蒂、安德烈·波切利、雅尼、夏洛蒂·澈奇的演唱会作品，古典音乐动画电影《幻想曲2000》《幻想曲》中的曲目等类似的经典作品。今天这个时代，孩子们可看的东西可能更多了，视频也更加丰富了。像这些经典作品的光盘可以买回去让孩子反复看，尤其是1岁左右和2岁的孩子酷爱看这些东西。许多孩子天天都要求看。孩子对精神生活的喜爱是天生的，所以我说“孩子是天生的精神贵族”。重点是我们生存的环境是否给孩子提供了这些内容。

爱唤醒儿童内在的所有感觉。爱是至善，善传达美，美将呈现真。所以，爱能够让孩子对内在世界的探索达到最深的探索。

在爱中的孩子，他们乐意把自己生命的经历，放在对生命的探索和感知上，他们乐意扩展自己的生命、扩展自己的认知，因为他们有足够的安全感，有足够的生命能量去开发。

从爱自己、爱孩子来改变

今天我们长大了，我们再遇到爱的机会就变得很不容易了。所以我有一个章节专门讲述我们如何爱自己。历经了漫长的岁月过程，我发现爱自己，是完全可以达到的。

我们已经错失了童年，我们都不完整，但我们透过爱自己会发现，自然之手对我们每个人都是充满爱的。我们活着的每一天，每一口呼吸，我们在阳光下的温暖和被照耀，我们喝的每一口水，都是大自然无声的爱。如果我们有勇气探索自己的内在，我们就会发现，我们生命的里边已经被赐予了无尽的资源。当我们体验到自己可以爱自己时，我们就会有一种富足感，匮乏就远离了我们。

我们人类生活在一个怪圈里，这个怪圈里有一个奇特的现象，就是我们都缺乏爱。所以我们对爱会有恐惧，我们不能给予别人爱，我们也恐惧接纳爱，又恐惧失去爱，所以就出问题了。

现在我们可以从爱自己的孩子开始，被爱的人会对自己和世界充满好奇……

第一章 母爱

母亲，让孩子全然地依恋你

我想告诉妈妈们，婴儿天然依恋母亲。

在做母亲前，女性的生命就蕴藏着一种高度敏感的沟通能量和本能的心灵之爱。这种沉睡的潜质只有在女性做母亲时，依靠和婴儿的频繁接触来唤醒。婴儿依靠吮吸、依靠天然的生命能量唤醒母亲的潜质。然后，全然地依恋母亲，依靠和母亲的联结，建立同外界的联结。

母亲是婴儿走向外在的桥梁

从出生起，婴儿就强烈地依恋、占有母亲，和母亲一体。婴儿依靠母亲回应其生理的所有需要——饥饿、疼痛、舒适、情绪（包括恐惧、焦虑、快乐、好奇等），体验着对母亲的感受，和母亲产生联结，从而发展着对人的信任和安全感。

头几个月，婴儿生活的全部内容似乎都集中到了两个地方：口腔和肛门。这样的状态使母亲与婴儿的联结更多地集中在对身体的照顾上。当婴儿的身体出现状况，比如，拉了、吐了、尿了或者不舒服了，母亲能否及时对他的身体产生回应，这种回应能否持续、良好、积极地进行下去，将决定儿童与母亲之间是否产生依恋的关系。

当幼儿发出需求的哭声时，很多妈妈会认为这没有什么大不了，所以不回应，甚至不耐烦。这种不回应最直接的结果是，儿童的身体感官缺乏触摸和刺激，同时导致缺乏这种刺激所发展出来的其他系统。这样的不回应使母亲丧失了和孩子的联结。这样的状态也是一个生命在成长过程中出问题的开端。

满足和期待是婴儿最主要的心理需求。这期间的儿童对生命和生存会产生焦虑。食物、庇护、人际关系的接触是婴儿最基本的生存需求。这些得到满足后，婴儿会感受到："我安全了，别人喜欢我，我存在，也可以控制我的世界。"这就是婴儿即刻得到满足之后产生的感受。如果这个满足不能得到持续的回应，婴儿的内在会有这样的感受："哦，我不讨人喜欢，我不安全，我没有能力控制。"

我想没有任何一个母亲会期待自己的孩子在婴儿期的时候就产生这样一种感觉："依赖别人是不安全的，没有人可以依靠。"这种放弃希望的感觉，会导致最早的人的抑郁和痛苦。

实际上，人正是基于这样的依恋关系建构最早期的心理基础、情感基础、自我价值感的基础。对身体的照顾派生和发展出儿童与人的关系的基础，派生出儿童对世界的信任，这是关键的意义所在。

什么是"依恋"

婴儿对母亲的依恋是指婴儿与母亲之间建立的一种深刻的情感联结。这种联结是从出生开始逐渐发展起来的，对婴儿的心理发展和情感安全感有着深远的影响。心理学家约翰·鲍尔比（John Bowlby）在 20 世纪中叶首次提出依恋理论，强调了婴儿与照顾者（通常是母亲）之间稳定情感关系的重要性。

依恋是一种全然的、纯粹的热恋。婴儿会把身体紧紧贴着你，鼻子会闻到你的体味，皮肤会感觉到你的体温，会把头埋在你的胸前蹭来蹭去，以便体验被爱之后的安全感。他的心灵会全然地归属于你，时刻在试探着、确认着、揣摩着，最后确定地知道自己是被爱的。在灵性上，这是一种全然的联结，就好像花的香味融进空气中一样，难以分辨。这样的依恋状态在成人世界也是存在的，但那只不过是童年的投影，是婴儿期未完成的事宜。

依恋是一个生命在诞生之初的头 6 年必须和妈妈完成的一个事宜。如果童年期依恋没有完成，那谈不上有爱的存在。依恋是一个充满爱和创造的过程，它创造出了儿童爱与被爱、安全感、价值感、幸福感所有的背景。

有了这样最初的感觉之后，我们需要了解一下，依恋有哪些特点。

依恋的特点

寻求接近性：婴儿会表现出想要与母亲保持接近的行为，比如在感到紧张、疲倦或饥饿时寻求母亲的抚慰和保护。这一点，许多妈妈都有感觉，婴儿也表现得非常明显。孩子在疲劳的时候会哭，饥饿的时候也会寻找妈妈。所以孩子在吃、睡这些时间点，是一定要和妈妈在一起的，谁都不要。这就是婴儿对母亲依恋的一种表现。

1. 安全基地

母亲作为“安全基地”，让婴儿感到安全，从而鼓励他们探索周围的环境。当母亲陪伴在孩子身边的时候，婴儿只要感觉到安全，就会主动地把注意力放在对环境的探索上，尤其是那些安全感建立得比较好的孩子，对环境探索的勇气和能力都发展得比较好。

2. 分离焦虑

婴儿在母亲离开时会表现出不安或哭泣，这是依恋行为的一个典型表现。

3. 归属感和安全感

通过与母亲的互动，婴儿建立起归属感和安全感，这对他们的情感和社会能力发展至关重要。

依恋的类型

和依恋的特点相对应的是依恋的类型。根据美国心理学家玛丽·艾恩斯沃斯（Mary Ainsworth）的“陌生情境”实验，婴儿的依恋行为可以分为以下几种类型。

1. 安全依恋

婴儿在母亲在场时感到满足和安心，在母亲离开时感到不安，但母亲返回时，婴儿很快恢复平静。

2. 焦虑－回避型依恋

婴儿对母亲的离开和返回反应较小，似乎避免与母亲的接触和互动。焦虑－回避型依恋的儿童，倾向于避免与照顾者的亲密接触和依赖，可能是因为他们知道照顾者不会一直响应他们的需求。他们似乎表现得独立，但这种独立性可能掩盖了对亲密关系的需求和对被拒绝的恐惧。我们猜测，这样的状态可能会导致个体在成长过程中，建立亲密关系时遇到困难，他们可能在情感上保持距离，难以和他人建立亲密关系。

3. 焦虑－抗拒型依恋

婴儿在母亲离开时表现出极度不安，即使在母亲返回时也难以被安抚。

这可能反映了儿童对照顾者响应不一致的经验，他们不确定是否可以依赖照顾者继续提供安慰和保护。焦虑－抗拒型依恋的个体可能过分依赖他人，寻求注意和确认。他们可能在情感上显得需求过多，有时会在成年后的关系中表现出黏人或依赖的行为。

4. 组织化 / 紊乱型依恋

婴儿的行为无法归入上述任何一种模式，表现出对母亲的接近和回避的混合信号。这通常反映了极度的混乱和焦虑。这种类型的依恋常见于经历了严重忽视、虐待或其他创伤的儿童。组织化 / 紊乱型依恋的个体可能在情感调节、人际关系和自我认同方面遇到显著的困难。他们可能更容易经历情绪问题和社交挑战。

在依恋理论中，焦虑－回避型依恋、焦虑－抗拒型依恋和组织化 / 紊乱型依恋被视为与安全依恋相对的不安全依恋类型。这些依恋类型描述了儿童与照顾者之间的不同互动模式，它们反映了儿童在形成和维持亲密关系时所遇到的困难。虽然“不正常”并不是描述这些依恋类型的最佳词汇，因为它们是在特定环境和经历下形成的适应机制，但它们确实表明了儿童在情感联结和安全感方面的挑战。

尽管不安全的依恋类型表明了在早期亲密关系中的挑战，但重要的是要知道，依恋模式并非固定不变。通过积极的人际经验、治疗或其他支持形式，个体可以发展出更安全的依恋方式，改善人际关系和情感健康。

依恋的重要性

婴儿期的依恋对个人的长期发展有着重要影响。安全的依恋关系能够促进个体的情感健康、社会技能和心理韧性的发展。相反，不安全的依恋可能会导致情感和社会发展上的问题。因此，为婴儿提供一个稳定、充满爱和支持的环境，对他们的成长至关重要。

在建立依恋关系的过程中，还有一种情景是母子长期分离，这样的分离将使儿童焦虑。如果孩子在几个月时离开了妈妈，就必须重新把别人作为“妈妈”，他就失去了与之天然联结的人。这是孩子无法理解的，事实上，这将使孩子经历一次心理上的被抛弃。等孩子在恐惧和焦虑中重新找到“妈妈”，但刚刚建立起安全感就又被带走了，孩子感受到的是再一次被抛弃。这些都为儿童的未来埋下了不幸的种子，这是一个人一生的开始，而起步时就混乱了。

能否在出生后的头 6 年与母亲联结上，是孩子生命质量的关键。这个机会对母与子同等重要，一旦丧失，焦虑将跟随孩子和母亲一生。在自然界中，几乎所有的孩子都是由母亲亲自带养的，这既是一种自然的养育现象，也是一种生存之道。但是目前，大量的儿童与母亲分离变成了一种普遍的现象，儿童离开了母亲，被别人带养，这种现象造成的婴儿在早期生命中成长的失衡，会带来我们预想不到的后果。

可能这样的观念会使类似的妈妈感到内疚和痛苦，但我们仍需把这样的事实呈现出来，警醒每一位母亲：不要这样抛弃孩子，要让你的孩子依恋你，要用大量的时间陪伴他、触摸他，在游戏中让他大笑，直到你的内心可以瞬间感知到他的内心。

妈妈要让孩子感觉到你的爱

有一位妈妈说："我的女儿两岁八个月，就要上幼儿园了，非常缺乏安全感，畏惧陌生人，不合群。比如，出去玩滑梯，她看见有人站在梯口就不敢往前，上楼梯过程中遇到其他人会马上退下来，如退下时后面也有人，她就顿感惊慌失措、无所适从，立即号啕大哭。哪怕她已坐到了滑梯上，只要看见下面有人就会大声喊妈妈，无论我们如何鼓励她都不敢滑下去。如果小朋友一直不让开或向她爬上去，她马上大哭起来。真不知该怎么办才好。"

我们试着从这样的角度来体验婴儿——

如果有一天，一个 UFO 里的外星人突然抓走了你，把你带到 H 星。在这个星球上，你发现只有一个人和你有关系，她的名字叫"妈妈"，除她之外，一切都是陌生的、恐惧的。你自然就把一切都寄托在她的身上，一切陌生和恐惧感都会在她身上消除。你会本能地依恋她，透过她给你的依恋而建立安全感，一点点地日积月累，你不再对外界害怕，你不再感受到外界的威胁，你开始放松，开始尝试着伸出脚走向外面的世界，因为你获得的爱已经使你有勇气去探索一下外面的世界了。

当你有安全感的时候，你就会尝试着去看看外面的世界，但是，你一定会回头看你依靠的人是否没有离开，确定了这一点后，这种安全感会带你进一步地扩大探索的范围。

这种情景和婴儿来到世界上是一样的，这实际是一种婴儿心态。

说到这儿，你可能会说："这不够客观，我是爱孩子的。"但是，我们从上文中的孩子身上看到的是得不到足够的爱导致的结果，所以我们要回到你的关于"爱"的观念上。有可能你在这方面出了问题。

我这样问："你爱一个人，你最想做什么？"

她回答："和他在一起。"

我问："和他在一起做什么？"

她回答："肌肤接触。"

我问："还干什么？"

她回答："知道他需要什么，满足他，使他快乐！"

我问："还做些什么？"

她回答："一起做共同喜欢的事。"

我问："还做些什么？"

她回答："沟通，心灵的沟通是最愉悦的，所以就不再孤独。"

将成人"性"的属性除去，成人与婴儿在爱的其他属性上几乎无太大差别。那一点点的差别不同于成人的是：婴儿和你互动的是纯粹的心灵、纯粹的自然之爱、纯粹的生命能量，而成人是人性的、理性的、功利的。孩子还不拥有这些。

- 儿童需要你和他在一起，不需要分离的焦虑，不想被你交给老人、保姆；

- 儿童需要肌肤的触摸，因为儿童是通过皮肤感受爱的；
- 儿童有被满足和依恋的渴望，以此获得面对世界和他人的勇气和方法；
- 儿童需要愉悦的玩耍，而不是“生活的法官”和“生活的教练”；
- 儿童需要心的联结，不是被动的说教，否则他会一生孤独；

……

这样他会勇往直前，不再恐惧、不再胆小和求救。

你能给予孩子唯一的东西是，能让孩子感觉到的爱。

母亲是儿童与世界联结的纽带

孩子为什么产生不安全感

一位妈妈说："女儿丫丫6个月时，我销假上班。自此，白天孩子的外婆来看护她，下班以后我再接手。现在丫丫3岁4个月了，让我头痛的是，她在陌生的环境里总不敢主动表达自己的意愿，也从不主动与人交往，在家则没有这个问题。比如，其他孩子抢她的东西，她不知躲闪拒绝，更别提去要回来，但是东西被抢走后，她会对我发脾气；外人给她东西，无论她多么想玩、想要、想吃，也不敢自己拿，必须让我帮着拿回来，至少要拉上我才行；刚上幼儿园时，即使大小便憋得难受，她也不敢跟老师说……"

这样的例子太多了。为什么丫丫这么没有安全感？

儿童安全感的缺失会有许多表现。我想先探讨什么是儿童成长的理想状态，并以此来分析问题出在哪里。

一个生命从母体中出来，降临在这个复杂的物质世界里。这个世界蕴含着复杂的物质环境、复杂的人际关系、复杂的知识系统、复杂的心态、复杂的意识形态……而婴儿对此一无所知，他仅仅带着巨大的生命动力来到世界上。

母亲，是婴儿与世界联系的纽带。在知道母亲不在眼前也依然存在之前，婴儿首先需要时时看到母亲，触摸到她，闻到她的气味，听到她的声音，得到她的关注；痛苦时需要母亲迅速来到他的身边，帮助他，使他舒服。由此，婴儿经验到这个世界是安全的。在此基础上，他会将和母亲的关系、从母亲那里经验到的安全感，延伸到母亲之外、家庭之外的环境中去。

原本，孩子小的时候，母亲不离开孩子，孩子永远在母亲的视线内，对孩子的呼唤，妈妈永远都能及时地回应；等到孩子长大些，探索的范围更大，孩子需要的时候，也能在妈妈劳作的地方找到妈妈，不会产生离开妈妈的焦虑，直到他有足够的能力，不再时时依赖母亲的呵护。

母子的分离，是一个自然的、渐进的过程。但现实是，目前我们大多数人不可能达到这样的状态。现实是我们必须去挣钱，要生存；再加上，或许我们中的一部分人自我也没有成长好，在离开原生家庭、重建新家庭、刚刚获得自由的时候，我们想要去实现自己的愿望。

像许多妈妈一样，丫丫妈妈在孩子 6 个月的时候，白天就要离开她。丫丫一整天见不到妈妈，她需要和接替妈妈的外婆建立新的依恋关系。在新的依恋关系建立之前，与妈妈的漫长分离让孩子产生不安全感。

高质量的抚养关系

儿童是否感到环境、他人对他没有威胁，通常取决于带养孩子的人与孩子之间关系的质量，这个关系的质量决定了儿童与外人以及外在环境之间的关系，而不取决于成人的主观愿望。

儿童是否能得到带养人给予他安全感的爱，取决于他生活中那个客观存在的关系。理想状态下，带养孩子的是母亲。更根本的是，带养他的人能否为他创造一个安全的氛围。如果母亲本身不能保证孩子处在一种能给他带来安全感的关系氛围中，例如带养的成人，即便是亲生父母，如果经常吵架，儿童待在旁边也会感到害怕、感到惶恐、感到被抛弃、感到不明白，这是一种情感上的被抛弃。这种被扔在一边的被忽视感，容易造就具有不安全心态的儿童。

再比如：带养孩子的成人在孩子爬高时，惊恐地说“会摔”；使用一样东西的时候，惊恐地说“会伤”；走在某个环境中时，惊恐地认为“会丢”；端杯子的时候，惊恐地说“会烫”；等等。这种非常害怕出事，不给孩子空间的担忧心态，以及这种担忧所派生出来的行为，都能被儿童感受到。成人对待事物的态度会潜移默化地影响孩子，让他感到外界是如此不安全。而这一切并不由成人是否认为自己爱孩子来决定。

假如父母要把孩子交送到另一个成人的手里，把家庭的环境转换成了幼儿园的环境，至少应该由母亲和孩子一起来熟悉这个人或者环境。熟悉之后，使孩子体验到转入新环境、新关系中是有爱存在的，才能够谈到如何帮助儿童解决其他问题。

所以，要解决安全感的问题，高质量的抚养关系衍生出来的爱的感受是帮助儿童的前提。

寄养带给孩子一生的缺失

有些妈妈出于自身事业、学业继续发展的考虑，选择将孩子寄养在外地亲友家，到孩子上小学或初中甚至更晚，总之，要等到自己事业有成了，再把孩子接回来；或在孩子 2 岁前把他送入托儿所，又或在 3 岁左右把孩子交给全托幼儿园。我们把这些儿童称为留守儿童或者寄养儿童。

虽然这些养育儿童的生存环境不同，有的比较安全，提供的情感比较富足，但有的留守儿童家庭条件、生存环境是非常艰难的。

父母离开家，把孩子从小寄养在祖父母家里，或者全托在幼儿园里，或者留守在家里。无论是寄养的孩子，还是留守的孩子，这些不同的养育方式，本质上都是孩子离开了真正可以养育他们的父母。这样的方式对孩子有什么影响呢？

母亲是被婴儿塑造的

一个新生命，当他刚来到世界上的时候，要存活下来，需要一个人和他发生联结，这个人就是他的妈妈。对婴儿来说，妈妈和所有其他人都不同，因为他的生命来自她，婴儿是从母亲的生命中走出来的。

而妈妈，也刚完成了孕育一个生命的历程，这种经历是不可多得的。男人没有这种孕育的经历，没有做过母亲的女人没有这种经历，所以，对于有幸成为母亲的女人，这种经历是独特而珍贵的：她造就了一个生命，这使她更多地关心有关生命本身的问题。

然而这时候的她，还不是一位真正的母亲。因为母亲是依靠婴儿培养出来的。只有在和婴儿联结、照顾婴儿的过程中，母亲才会被婴儿唤醒，逐渐地被婴儿塑造成一个真正的母亲。这是需要漫长的时间来完成的一个过程。而不是说，你生下一个婴儿，你立刻就变成母亲了。那只是一个生物现象。母亲不仅仅是一个生物性的代表，她更多的是一个心灵、精神和意识状态角色。逐渐成为母亲的女性，也为走上自我成长的旅程，做了一个非常好的铺垫。我们在本书的另外篇章中会解释这一部分。

母爱为孩子奠定一生的基础

所有的婴幼儿，都需要与母亲的联结，才能免于精神上的恐惧与生活上的磨难。母爱帮助他们完成生命最早的过渡，奠定一生的基础，这个过程，对父母本身，尤其是母亲，也是一个完善自我和成长进化的过程。

与母亲建立联结，是自然赋予孩子的使命。如果在孩子 0 ~ 3 岁时，母亲没有成功地与孩子建立联结，孩子就要被迫在其他血缘相关性不大的人身上寻找这种联结，孩子一生都将不断试图从别人身上弥补这种缺失，例如青春期早恋的孩子，问题婚姻中的男女，他们在寻找的，其实都是爱与关注，他们寻找的过程很苦，付出代价之巨大，超过我们的想象。

从外表上看，在婴幼儿时期是否曾得到母亲悉心照顾的人差别可能不大，但其实二者在内心世界有着巨大的差别，在幸福感、安全感、价值观、自我认可等方面，都会体现出巨大的落差。

现实的挑战

但是，无论我们把母亲的角色说得多么重要，在现实面前，我们都会遇到各种各样的挑战。情况会变得极为复杂，甚至有些母亲真的承担不了做母亲的责任，也无法付出做母亲的爱。当然，有些母亲处在各种挑战的艰难中，有很多的无奈，因此只能把孩子送到祖父母家寄养。如果祖父母可以为孩子提供充满爱和关怀的环境，那么孩子可能会从祖父母那里学到传统的价值观和生活技能，祖父母的经验和智慧也可以对孩子的情感以及其他的社会性发展方面产生积极的影响。但是，如果祖父母的教养方式与父母存在显著的差异，或者祖父母因年龄较大而难以适应对孩子高要求的照顾，那就会导致孩子出现困惑和关系的疏远。

而全托，可能对孩子的影响会更严重一些，因为这会让孩子感到焦虑和不安全。全托的孩子，尤其是小一点的孩子，几乎在晚上吃饭的时候，将近天黑的时候，会在幼儿园里哭成一片。那种儿童的焦虑和不安全感就像浪潮一样，席卷了整个幼儿园。那真的是一种极度潮湿和冰冷的感觉。

留守儿童可能面临的挑战更大。一方面，这些孩子要承担更多的家务和家庭责任，所以要变得更加独立和自主。另一方面，他们缺失、缺少父母直接的照顾、关爱、指导，情感可能会处在无法满足的荒漠状态中。如果留守儿童的家庭环境和周围的生存环境充满着不安全的因素，孩子的生存状态更加堪忧。

一个人，如果父母不能在身边参与自己的成长经历，这一定会造成情感上的安全感和自我价值感的低下。这种情感的不安全感和价值感的低下，让人感到相当致命。当他成人后，期望建立自己的幸福感时，就过于艰难了。本来他们的人生就已经够艰难的了。

所以，我的建议是，如果母亲不能抚养孩子，请求助于父亲，想办法解决。

婴幼儿时的寄养会给孩子带来“被父母抛弃”的感觉。更糟的是，在寄养几年后又将孩子接回来，会导致孩子“二度（被寄养人）抛弃”的感觉。所以，尽管孩子可能在祖父母或亲友家也得到了爱，但这与亲生父母能够给予的爱具有本质的不同。我甚至认为，如果父母出于事业发展的考虑，要将孩子托给别的家庭带，那么，不如不作生育的选择，因为是否生育，完全取决于父母的决定。一旦你决定了，就要知道，这个生命将仰仗于母亲与父亲存活，除此之外，他再也找不到第二个合适的家庭。

职业母亲如何为孩子创造最好的成长环境

如果职业母亲不能在一天当中的大部分时间亲自带孩子，而必须求助于另一人作为孩子的第二养育人，那么怎样为孩子创造最好的成长环境?

这是中国绝大多数职业女性所面临的现状，是困扰在职妈妈的极大问题。带孩子是一件非常辛苦的工作，最大的辛苦在于，你需要放弃“自我”——你没有了自己的时间，要牺牲自己的爱好，延误事业发展的机会，这会让大多数妈妈感到焦虑。

排除这种焦虑唯一的方法就是：爱，全身心地爱这个孩子。因为孩子是纯然的、充满灵气的精神体，他会唤醒我们内心最美好的部分。当我们切实感受到生命的喜乐与天然的爱，带孩子的艰苦就会被喜悦代替。

“第二养育人”的标准

选择第二养育人，有几个需要考虑的内容：一是他 / 她的内在是否拥有爱，是否有爱的能力。二是他 / 她在你的家庭中，在心理上是否能受到尊重。有太多人不懂得尊重别人，这种不尊重不是有意识的行为，而是无意识的姿态，这取决于每一个人的经历：因为我们都是在权威中长大的，权威关系会让我们形成一些我们自己都不知的不良习性，比如自大、掌控、等级意识、竞争意识等。我们又都生活在人际关系中，我们自己有过的不快乐的经历、错误的经验、负面的情绪……以及在当下的人际关系中，也会碰撞出冲突、矛盾以及价值观不合的部分。这些都可能成为困扰第二养育人的因素，使他 / 她不能够投入全部精力照顾孩子。三是必须保证他 / 她的休息时间，让他 / 她在带孩子之外有独自面对自己的时间，这样他 / 她才能得到彻底的休整，才不会因疲劳和厌倦产生影响孩子的情绪。

选择第二养育人，无论是祖父母、其他亲戚，还是受过专业训练的老师，选择时应考虑多个因素，以确保孩子能够获得安全、爱护以及促进其全面发展的环境。我们给出以下一些重要的标准，提供参考。

1. 爱心和耐心

第二养育人应对孩子有深厚的爱心，能够耐心地照顾孩子，满足其日常需求，同时提供温暖和舒适的抚养环境。

2. 理念和价值观

第二养育人的养育理念、价值观和期望应该与父母相似，以保持孩子成长环境的一致性和稳定性。

3. 知识和经验

拥有儿童抚养的相关知识和经验，能够根据孩子的年龄和发展阶段提供适当的关怀和指导。

4. 身体和心理健康

第二养育人应具备良好的身体和心理健康，能够承担起照顾孩子的责任，为孩子提供一个稳定和安全的成长环境。

5. 沟通能力

能够有效地与孩子沟通，理解孩子的需求和情感，同时也能与父母进行良好的沟通，确保对孩子的养育方式和需求有共同的理解。

6. 安全的环境

能够提供一个安全的生活环境，包括干净的居住条件、无危险物品的接触、健康的饮食和适宜的活动空间。

7. 规则和界限

能够以一种积极和建设性的方式设定合理的规则和界限，帮助孩子学习责任感和自我控制。

8. 教育和学习支持

对孩子的教育给予支持，鼓励学习和探索，提供或引导孩子接触到有益的教育资源。

列出这些条件，让我感到没有现实感，在心理上还有一些担忧和不安，因为我们真的无法找到这样的第二养育人。

但是列出这样的标准是有必要的，它可以让家长作为一个参考值来选择最重要的标准。最重要的标准就是第二养育人不能缺失的标准，这样我们就能给孩子一个基本的保证，因为这对孩子来说太重要了。另外，第二养育人进入你的家庭后，还可以自行学习，达到你需要的这些标准。这是完全可能的。

与此同时，我们在本书中也提供了一系列的内容，来供第二养育人学习。比如，如何爱孩子，如何为孩子建立规则，以及一些关于儿童成长的知识。这些可以让第二养育人接受一些训练和培养，逐渐达到这些水准。

选择第二养育人是一个重要决定，需要综合考虑多方面因素。理想的情况是，第二养育人能够与父母形成合作伙伴关系，共同为孩子的幸福和健康成长努力。在某些情况下，寻求专业意见或参考他人的推荐也是很有帮助的。

特别重要的一点是，妈妈要帮助带孩子的人接受正规的、科学的培训，让对方掌握教养孩子的正确方法。

下班后妈妈要弥补白天的缺席

做到这几点之外，妈妈下班后还要始终陪伴孩子。婴儿及成长期的幼儿，会凭借与生俱来的直觉，选择与生命状态最高的人在一起，这是自然法则的选择，是保证不出问题的选择，所以孩子会自然选择跟父母在一起，除非第二养育人的生命状态更好、更完善。

在有些幸运的家庭，第二养育人非常尽心尽职，他们对孩子付出了力所能及的爱、关注、精力，一方面解放了妈妈，但另一方面，孩子可能跟妈妈不亲，第二养育人在心理上也可能存在越界，充当了妈妈的角色。从妈妈的角度，应该如何处理这个问题?

形成这种角色错位有两个原因，一个是妈妈因为有帮手，而忽略了亲自照顾孩子的责任。所以，妈妈一下班回家，就应该把照顾孩子的工作接过来，弥补白天的缺席。除非你没有这个需要，自动将母亲的角色与权利交给另一位养育人。

另外，由于带孩子非常辛苦，同时也非常快乐，其他养育人可能会在不知不觉中占有这个孩子，作为个人的寄托。这的确不好，但是人都难以逃脱自己的局限性。还有一些养育人，希望通过争取孩子的爱与支持，改善自己的生活。这有点像问题夫妻，在发生矛盾时，会拉孩子的“选票”。妈妈需要用心理顺这些关系，尽量多陪孩子，陪孩子睡觉，帮孩子建立有规律的生活作息。

在这里，我不得不举一个例子来说明这个问题。

有一个家庭请了一位自己的亲戚来做第二养育人。这个亲戚就把所有的情感依赖放在了孩子的身上，孩子白天跟着这位亲戚，晚上也跟着这位亲戚睡觉。我第一次见到这个孩子的时候，还以为这个孩子是这位养育者的孩子，因为无论是从亲密关系、依恋程度，还是孩子的气质和长相，竟然和这位第二养育人如此亲密和相像。孩子的妈妈接受过非常好的教育，气质也非常优雅，但是这个孩子竟然一点都不像妈妈。

在交谈的过程中，我逐渐了解到，孩子实际是依恋妈妈的，但是，和妈妈在一起的时间非常有限。因为这位阿姨即使在妈妈回家的时间里，她也会从妈妈的手里抱走孩子，不给妈妈添任何麻烦。再加上孩子晚上也不和妈妈在一起睡觉，导致孩子出现了错乱，一种非常复杂的家庭关系出现了。

孩子是天生依恋妈妈的，这一点毋庸置疑。如果在一个家里生活，孩子不再依恋妈妈，那一定是妈妈给予孩子的情感、照顾的时间太少了。当然，例子中这位第二养育人是有意识这样做的，才导致了这样的局面。

最后，我想说，孩子成长为什么样，首先取决于母亲。母亲对孩子的养育坚定不移，就是你的孩子的福祉。而妈妈最有力的支持者是孩子的父亲。如果你是一个成熟母亲的状态，你可以坚定地知道孩子需要什么；如果你在心理上还处于儿童状态，你就会常常陷入迷茫与无助。我们都需要成长。

尊重孩子，关注孩子心灵的成长，给予孩子爱与自由，陪伴他认识真理与美，帮助他建立规则，在孩子 0 ~ 6 岁时与他建立成功的联结，那么，无论孩子自身条件如何，身体状况如何，你都可以确信，他有不可限量的前途与光明的未来。

第二章

父爱

父爱是清明而有觉知的爱

一日中午，我向小区大门走去，突然被远处50米外的一位男士吸引：远远望去，那个男人整个身体呈现一种说不清的美感，他的双手小心翼翼地捧着什么，脚步警觉地向前迈动，全身处在一种高度的专注之中，向小区大门走去。

我们同时走到了大门口。我发现，原来他捧着满满一篮子鸡蛋。我心中了然：原来他捧着一篮子“生命”，确实要小心翼翼。推开黑色的铁门，他把篮子谨慎地放在地上，歇息。我笑着说：“你捧着鸡蛋的情景真有美感呀。”小伙子笑了，跟在他后面的女孩忙说：“嗯，我姐坐月子，要是打掉一个鸡蛋，我妈要骂死我的。”小伙子的脸上瞬间没了微笑。这是典型的大煞风景。

转身而去，我突然在想：为什么50米外我会看到他？为什么我会认为他走路时的身躯状态是富有美感的呢？那究竟是什么？不会是小心翼翼吧？

几天之后，我和同事去看俄罗斯芭蕾舞团演出的芭蕾舞《天鹅湖》，同事带着她5岁的女儿。

演出开始，我立刻被演员们身姿的轻盈、优雅、舒展和全然的觉知所吸引，身体的语言会如此精准地表达人的情绪、情感、思想和精神。他们跳跃旋转，从头到脚，举手投足，身体的每个部位，实际是生命的每个细胞都在全然的觉知中，都在一种清明的意识中……突然，那个捧着鸡蛋的小伙子形象浮现在我的脑海里，叠加在了这个舞台上。我瞬间了悟，那一天我看到了一个人处在身体的高度觉知中。觉知是一种高度的专注、高度的集中、高度的清醒、高度的清明和宁静的理性，而此时的每一个动作都呈现出意识的美感。

然后我又突然明白，我为什么喜欢观看孩子的一举一动。我喜欢他们安静的凝神；喜欢他们的举止；喜欢他们头部和颈部的那种感觉；喜欢他们手指抓握时，意识就安住在手指上；喜欢他们见到陌生人时矜持、躲避的姿态和眼神。因为孩子高度专注，所以呈现出这种全然觉知的状态。而所有这些，也可以使我在那一刻，全然地被带进我的身体、我的意识的觉知中。我带着这样的觉知看芭蕾，芭蕾便成了我。

原来我喜欢孩子、芭蕾或者那个男人的身姿，都源于觉知。

演出结束，观众走出剧场，所有人都涌向楼梯的台阶。突然，同事的小女儿停在那儿，然后她伸出一只脚绷展，意识全然地贯穿在脚上，然后落在下面的台阶上；然后又伸出另一只脚绷展，意识全然贯穿在脚上，落下去……后面的观众都停止了脚步，我回头看，每个人都微笑地停在台阶上欣赏，并跟随在后面，没有人着急。

在转头的瞬间，我又明白，全然的觉知是在完全的意识中完成的，它还呈现的是一种专注的、清明的爱和尊重。

这个情节发生在广州大剧院的楼梯上，同事小女儿的后面跟着的都是父亲们和母亲们，他们没有等待，而是同在和共享。

那天之后，由于我清楚了，便开始在清明中从身体觉知的角度观赏孩子和舞蹈，了悟美和善。

一天我出差，在机场，看到一群外国人抱着不同年龄的孩子在候机室等候。我把观察的视角落在一个身材格外高大，看上去人文教养非常好的、接近50岁的男士身上。人群中其他抱孩子的都是女人，而他是唯一的抱孩子的男人。他怀抱孩子的感觉是我熟悉的状态：高度的觉知中，他一手小心翼翼地托着婴儿的屁股，那只手在全然的觉知中充满了专注的意识。婴儿被他用一根婴儿绑带系在自己的身上，婴儿显得格外小，被他小心翼翼地环抱着。他的另一只手觉知地托住孩子的脖颈，身体呈现出全然的、心无旁骛的专注意识，身体和意识都同步在对孩子的关注上。他的生命呈现出一种呵护的状态。他的太太在一旁推着一个庞大的行李箱。

我们排队上了大巴，车刚一开，突然听到婴儿的大哭声。我转身一看，背后就是那个婴儿。婴儿把脸蹭在这位男士的胸前，头来回猛烈地扭动着，哭声响彻车厢。男士一手高度觉知地托着婴儿的屁股，一手警觉地托住婴儿的头，全身高度专注而又放松，一边轻声咿嘘，一边将嘴唇轻轻落在婴儿的头顶处，在婴儿稀疏的头发上，柔软地、有节奏地、轻轻地吻着，吻着，吻着……没有焦虑、没有不安，没有想阻止婴儿哭声的企图，只有全神贯注的关注、持续不断的爱、祥和而宁静的陪伴，透过他的手、唇传递出来，形成了一个爱的场域。他微微下倾的身体充满了警觉性，在专注的爱中静候……婴儿突然停止了哭声，抬起了头，一双透亮的黑眸和清澈的眼睛在盈盈泪光中，和抱着自己的这位男士对视着，联结了……噢，这是一个父亲。他就是这个婴儿的父亲。

瞬间，我就在内心和我的父亲联结上了，爱的清明传遍我的全身。尽管父亲离开我已经48年了，我没有了任何记忆，然而那一刻，我体验到了父亲，在他清明的怀抱中，他亲吻着我的柔发。我被疗愈了。

我把视线转向窗外，婴儿清澈的双眸就映在窗外的世界。

我们都知道母亲的爱，充满感情的、浓浓的爱意弥漫在孩子的周围，给孩子带来快乐。而现在我看到了父亲的爱，那是清明的、觉知的、全然的意识状态中发生的爱，他撞击了我的心，然后撞击出了我所热爱的、所有孩子的父亲。全然在爱的觉知中，爱可以变得纯粹而呈现出理性的美。

孩子会长大，这一幕会在时间的长河中流逝，不再有人记得，这个孩子也不曾记得。但父亲的爱全然地融进孩子的生命中，内化为孩子的清明、觉知、理性和强大的意识。然后，有一天他也会成为父亲，一代代传承下去。我在思考，父亲的爱是否就是这样的。

其后，我在一家超市的外面，看到一位父亲的背影。他立在马路边，怀抱着婴儿，背影警觉而专注，心全然地守护着怀里的婴儿。我注视了他一会儿，然后转身离开。

我从母亲那里发现了强大的、无条件的、神性的爱；我从婴儿那里发现了父亲；我从父亲那里发现了不同本质和面向的爱。爱在父亲那里是清明、理性、觉知和高度意识的状态，我知道了孩子智慧和清明的来源，这使我对孩子的生命成长充满了喜悦。

那些尚未发现的能陪伴孩子生命成长的秘密真的很多。这一刻，我自然地和所有的妈妈带着孩子站到了一起：父亲，我可尊敬的父亲，就这样爱你的孩子吧！

回归到生命状态中的父亲

我在幼儿园的门厅见到她时，她被妈妈抱在怀里，看到我，她把头就埋进妈妈的颈窝不看人了。当我和她的父母愉快交谈时，她开始悄悄把埋住的眼睛留出一条缝隙，来观察我这个陌生人。随着交谈时间的加长，她开始扭过头来观察我。放松后，她直起身体，双目落在我的脸上，直接地观察我。当这样的观察结束后，她把注意力放在妈妈的身上，不断亲吻着妈妈的颈项，双手捧着妈妈的脸，表达着对妈妈的爱。她的生命是何等的柔软和全然的开放，尽管她让妈妈帮她挡了一阵子。

她的爸爸对我说:“过去我对她是理性的，现在我完全改变了，过去那是在‘犯罪’，现在我开始了解孩子，知道什么是爱和自由。改变之后，有天女儿对我说:‘爸爸，你不是个坏人！’我太震惊了……”我笑着注视这位爸爸，他看上去明朗而斯文。过去，他总按社会的需求要求自己的孩子，按一个社会化的、规范化的公民行为约束她。

“爸爸，你不是个坏人！”带着这句话，我离开了这一家三口。走在幼儿园的任何一个地方，这句话都跟着我，我在想，这个两岁的孩子何以这样判断呢？我可以断定，即使是电视上演员夸张表演的坏人，其复杂的心理活动和社会性思维，她也根本无法明白。如果从形象上来考察，一个成人只需看一眼，就会把这位爸爸列为“好人”的行列，因为这位爸爸看上去举止斯文且面相和善。但一个两岁的孩子是不具备通过形象来识别“好人”或是“坏人”的经验的。究竟是什么让小女孩高度概括并做出了这个判断：爸爸不是一个坏人?

我带着这个疑问，在院子里遇见一位妈妈。她饱含着热泪对我说：“我的生命改变了，我对世界的看法改变了。我知道了什么是爱。”

这个处于对生命了悟之中的妈妈使我顿悟：生命的智慧可以透过身体来完成，是感觉，帮助孩子整合和思考。由于婴儿是从生命中走出来的，天然带着生命的特质，在成长过程中，必将把生命转化成一个可触摸、可应对外在物化世界的“自我”。但是，在她尚未完成这个过程的历程中，她依然会依靠生命本身来判断她之外的事物。生命给了她一条分界线，这条分界线的一边是爱的、柔软的、温暖的、喜悦的、流动的，另一边是冰冷的、可触摸的、分离的，这大概是儿童最早分辨世界的方式。当她爸爸回归到生命中的时候，她使用了一种社会化的语言：“爸爸不是个坏人。”实际上，她想说的是：“爸爸开始有生命了。”

一个正常人的世界应该是以生命的状态面对自身生命之外的世界。当我们面对自身生命之外的生命时，我们就使用生命的方式；当我们面对无生命的事物时，我们可能更多地使用理性和头脑。一个完全被拉离生命本身的人，是无法以生命的方式面对孩子的。

实际上，成长的过程，就是我们对自身生命的管理和掌控的过程。

从社会角色看父爱

我们现有的社会，从整体来看仍然是一个“父权”存在的社会，认识到这一点非常重要。它意味着我们必须看见和尊重这样的存在。从人类的进化和发展史来看，社会主要是以男权为主导的（尽管出现过短暂的母系社会）。这样的状态必然导致家庭也是父权制和夫权制的。这带来了一个问题：权力和责任。

长久以来，这样的角色就无形中形成了男性一些普遍的生命特质：

- 创造力和领导力——开创的勇气和对权力的欲望；
- 理性和逻辑——偏重理性和推理，而非感性；
- 专注和单独——独自、高度集中地去解决现实问题；
- 征服力和竞争——对占有和征服充满激情和豪迈感；
- 力量感和权力欲——权力的力量和内心的力量；
- 宏观把控和清晰度——注重事物的结构和框架，忽略细节；
- 意志力和刚强——达成目标的恒心；
- 独立性——人格和行为上的独立自主；
- 责任感——社会和家庭中权力和责任的对等；
- 强权——强行实施自己的意志；

· 目标导向和远见——建立和达成目标；

· 行动力和效率——效率和实施能力；

· 自由和成就感……

还可以举出许多。这些正是求生存的本能所产生的能力和品质，也是把事情和社会强有力地向前推进的特质。正是这些特质，塑造出男性身上的智慧、权力欲、力量感和意志。

这里没有褒贬的含义，谈的只是普遍性。

这让我们看到，带有这样特质的男性——爸爸，在对待孩子、爱孩子上，会不同于妈妈。

我们同时还要发现和尊重这样一个存在：在现有社会里，进化的社会分工和文化的观念中，养育孩子是母亲的责任。父亲们都出去“狩猎”和“征战”去了，没有更多的时间陪伴孩子。妈妈们必须看到这些，在这样的分工和文化观念尚未改变之前，看见这样的存在，会使母亲变得理性和明智。

现在试想，这样特质的父亲，他将要如何爱他的后代呢？

孩子如何获得父亲的生命品质

孩子需要接受父亲和母亲两方面的能量

从一般意义来说，父亲的能量更多地表现在生存的智慧、理性、力量以及意志的状态中，生存是所有生命面对的严峻的问题。而母亲的能量更多表现在感性、生命的圆润、生命的流动、生命的滋养以及生命的幸福感上。快乐和幸福感是人活着的质量和意义感所在。孩子需要接受父亲和母亲两方面的能量，这样长大后会变得更完整。

从事儿童教育工作几十年来，透过观察，我发现：一个人获得父母爱的能量的情形，也会透过我们的身体状态被展现出来。身体成长的前面部分展现的是获得母爱能量的状态，后面部分展现的是获得父爱能量的状态。

获得母爱的孩子，身体成长的前面部分包括面部丰润、饱满和滋养（这和胖瘦无关）。母爱代表的特质是丰润和滋养。母爱通常被看作温暖、关怀和滋养的源泉。孩子的面部“丰润和滋养”，可以被看作孩子感受到母爱和关照的外在表现，象征着孩子的情感得到了充分的滋养，内心充满了幸福和满足。面部表情和健康状态在某种程度上反映了孩子的情感状态和心理健康。

父爱代表的特质是力量感和韧性。父爱在许多文化中常被视为力量、保护和引导的象征。所以我常常观察到，得到父爱满足的孩子，腰部都比较有力量，臀部翘起，两腿有力。我理解这可能跟脊椎有关，因为脊椎是我们身体强有力的支撑。当然，这种现象不是绝对的。我观察到的只是一种天然的状态。

“后背部分的力量感和韧性”，如果是一种隐喻的话，可能指的是孩子因为得到父爱的支持而建立起来的内在力量和应对挑战的能力。后背的力量感和韧性代表了孩子的自信、独立和面对生活挑战的韧性。

需要说明的是，这纯属我的个人观察所得。到目前为止，我没有在心理学和生理学中，获得一些直接的证据，表明父爱和母爱可以通过这种具体的身体特征来判断，但我们可以从隐喻的角度来解释这一点。

同时，我认为，每一个人的生命里边都有父性和母性的双重特质，也就是阳性和阴性的特质。我并不否认，某一个养育者能够同时为孩子提供父爱和母爱。

提供这一观点，强调了父爱和母爱在孩子成长中的互补作用：母爱提供了情感上的滋养和安全感，而父爱则提供了力量和鼓励孩子面对外部世界的勇气。孩子的情感和心理健康受到父母互补的爱的影响，由此成为一个情感丰富、心理健康、有韧性和自信的个体。

虽然这种通过观察身体特征来判断父母爱的状态的方法在科学上并不常见，但这个观点提醒我们父爱和母爱的不同维度对孩子成长的重要性。在现实生活中，评估孩子是否得到了足够的父爱和母爱，更多地依赖于观察孩子的行为、情感表达和心理发展状态。

我们人类基于父亲和母亲的双重努力和保护，经历了近 100 万年的进化，而没有被淘汰掉。这种代代相传的力量和基因就储存在孩子的身体里。但是，储存在孩子身体里是一回事，将储存的这种力量唤醒又是另外一回事。每个孩子都有一个鲜活的、有力量的父亲。父亲的某种力量和品质，就是透过真实的父亲而直接获得的，无论是基因还是生命成长的环境。在这里，我们只是把焦点放在了父亲身上。

妈妈要帮助爸爸与孩子联结

孩子必须爱上爸爸，男性的特质才会和孩子产生联结，这样的品质才会从孩子的内在发生出来。所以妈妈要有一个明智的思考，不管发生什么事，永远告诉你的孩子："爸爸爱你。"妈妈要从自己这里，把这个信息源源不断、生生不息地传递给孩子，以便在父亲没有太多看护孩子的状态下，做好铺垫和埋下伏笔，帮助孩子对爸爸产生爱的感觉。爱的感觉非常容易让孩子捕捉到父亲生命的特质，这就是一种和父亲的联结。

如果一个爸爸跟自己的孩子联结上了，那么孩子就会感觉到他自己脊椎的力量感。我说的"脊椎有力量感"，不是象征性的词汇，是一种身体真实的感受。我是说从头顶沿着脊椎到尾椎的部分，孩子会感觉到自己强有力，这是父爱所呈现的男性生命的特征。你会看到所有得到父爱的孩子，那些长大了的成人，无论是男人还是女人，凡是得到父爱的人，都会表现出理性、行动力和力量感。同时，你会观察到他（她）们后背脊柱的柔韧性、力量感、中正度都比较好。我们从父亲那里获得的爱，体现在身体、心智和人格全方位上。

父亲对孩子最基本和最高的爱也是联结，和孩子产生联结。联结是一种感觉上的互通感。很多父亲没有时间照顾孩子，但是至少要和孩子产生联结。只有联结了，父亲才和这个生命产生了关系。关系就是在两个人的联结中产生的。

我们必须再阐述一下“联结”。这个世界非常丰富：物质的世界、生命的世界、艺术的世界、科学的世界、权力的世界、情感的世界、自然的世界、金钱的世界，所有的一切都在你生命之外。你可以和它们毫无关系，如果你想要获得这些东西，你就必须拥有它们。

我们把两个词汇拣选出来：“获得”和“拥有”。如何让一个孩子的生命拥有它呢？那就是让这些东西流进一个人内在的世界，成为他生命的一部分。全世界最美妙的音乐就在那里，为什么你一无所知？如同金钱就在那里，你却一贫如洗，因为你和它没有关系，你感觉不到它。一切的开始都在你“看见”了。“看见”不是指用肉眼看见，而是用“心眼”看见，即用感觉和它产生一种发现的惊喜般的流动，和它有了亲密的碰撞。这种感觉叫联结，关系就此产生。

如果你跟这个东西没有联结上，它对你来说就是全然的不存在。你有一个内在的世界，在里面你有感受、情绪、思维。外在的和内在的这两个世界中间要有一架桥梁把它们搭上，搭不上的时候那个世界对你就是不存在的。对别人可能存在，对你就不存在。所以每个人都有一个世界，联结就是你的“心”跟世界搭上了桥。联结本身就是桥梁，是生命的彩虹。

所以，父亲一定要跟你的孩子有联结，要让孩子知道你是存在的，你不是一个概念、权威，你是活生生的。父亲和孩子联结上了，这个孩子就能获得他生命中需要的精神营养，他的生命就会自动地吸收父亲的智慧、理性、力量和意志。

从最简单的解释来看，联结就是父子彼此相爱。孩子爱你，一旦孩子爱上你，孩子就会站在旁边观察你、模仿你、学习你，你的智慧就像能量一样传递了过去。

父亲与孩子的联结特点

从现象上来看，父亲对待孩子，不会像妈妈那样事无巨细地照顾。你观察父亲对小朋友（6岁以前）的看护，他站在旁边很警觉，只要孩子不出问题就可以。这样做是宏观把控原则，安全第一，孩子愿意做什么都行。如果父亲期望孩子达成某件事情，他的方式像对外在世界一样，明确命令，马上行动。

6岁以前，爸爸还会对孩子说："儿子，你怎么了？"但是6岁以后，父亲都会对孩子说："你应该这样做。"他开始要求这个小公民获得求生存的智慧。我们只是要排除父亲对孩子的暴力，无论是身体上的暴力，还是心理上的暴力。但我们不能把父亲的严厉如同暴力一样全部排除掉，也不能试图把父亲改造成母亲。因为孩子已经有母亲了。

准备出门郊游时，妈妈要带一堆东西，安顿这、安顿那，事无巨细——这就是妈妈。爸爸却截然相反，对孩子说："走。"然后就走了。父亲有行动力，不会太多地考虑孩子渴了、饿了、尿裤子了怎么办，这就是父亲，他们就用男人的方法解决，怎么办都行。孩子就在这样的活动中发现父亲、看见父亲。

父亲，请跟你的孩子联结，这个联结不需要你教给他怎么样，你的孩子在旁边，就会吸收你生命中独特的生命特质。

为了使父爱变得更加可触摸，我们提供以下多种具体的方式供你参考。通过这些方式，父亲可以向孩子展示他的爱。

1. 花时间在一起

父亲通过与孩子共度时间来表达爱，无论是参与孩子的兴趣活动，还是一起完成日常任务，这些共同的经历都能增强父子间的情感联系。

2. 积极倾听和交流

认真倾听孩子的想法和感受，鼓励他们表达自己，并通过开放和诚实的交流来建立信任。

3. 提供指导和支持

父亲通过给予指导和支持来表达爱，帮助孩子学习新技能，面对挑战，以及在遇到困难时提供鼓励和解决方案。

4. 表达情感

直接向孩子表达爱意，比如说“我爱你”，通过拥抱、亲吻等身体接触增强情感的表达，让孩子感受到被爱。

5. 作为榜样

父亲通过自己的行为树立一个好榜样，包括负责任、尊重他人以及积极的生活态度等，引导孩子成长为一个品德高尚的人。

6. 保护和安全感

为孩子提供一个安全的成长环境，保护他们免受身体和情感上的伤害，让孩子感到安全和被保护。

7. 支持孩子的兴趣和梦想

鼓励孩子追求自己的兴趣和梦想，支持他们的选择，即使这些选择与父亲的期望不同。

8. 教育和价值观

向孩子传授价值观，教会他们区分对错，学会感恩、尊重和同情心等重要的人生观念。

通过这些行为，父亲不仅可以在孩子心中种下爱的种子，这种爱还将支持孩子一生的成长，甚至还会帮助孩子学会如何爱他人，这些都对建立他们未来的人际关系有着重要影响。父爱是强大的，它赋予孩子勇气和力量，帮助他们成为更好的自己。

第三章

家庭关系对孩子的影响

关系就等于生活

关系的本质

在安托万·德·圣埃克苏佩里的名著《小王子》中，小王子与狐狸之间的故事是整部作品中最具象征意义和哲学深度的内容之一。这段故事探讨了“建立联系”（或称为“建立关系”）的重要性和本质，以及它对于理解爱和责任的意义。

在故事中，狐狸向小王子解释了“驯养”（或称为“建立联系”“建立关系”）的过程：通过花费时间在一起，相互了解，逐渐变得对彼此重要。狐狸指出，通过这个过程，他们会变得独一无二，对彼此而言变得“特别”。

“你是谁？”小王子说，“你真漂亮。”

“我是一只狐狸。”狐狸说。

“来和我一起玩吧，”小王子提议，“我很难过。”

“我不能和你玩，”狐狸说，“我还没有被驯养呢。”

“啊！对不起。”小王子说。

他想了想，还是问了出来：

"'驯养'是什么意思呢？"

"你不是这儿的人，"狐狸说，"你在寻找什么？"

"我在寻找人类。"小王子说，"'驯养'是什么意思？"

"人类，"狐狸说，"他们有枪，会打猎，实在太讨厌了！他们还养鸡，这是他们唯一的好处，你在寻找鸡吗？"

"不，"小王子说，"我在寻找朋友。'驯养'到底是什么意思呢？"

"它代表一个经常被遗忘的行为，"狐狸说，"就是建立联系。"

"建立联系？"

"对，"狐狸说，"对我而言，你就是个孩子，和其他成千上万个男孩没什么差别。我不需要你，你也不需要我。因为对你而言，我和成千上万只其他狐狸没什么差别。不过一旦你驯养了我，我们就会彼此需要对方。对我而言，你是独一无二的；对你而言，我也是独一无二的……"

"我开始明白了。"小王子说，"有这么一朵花……我想，她已经驯养我了……"

"有可能，"狐狸说，"地球上什么事情都有可能发生。"

"可这件事没发生在地球上。"小王子说。

狐狸看上去很惊讶。

"在别的星球上？"

"是的。"

"那个星球上有猎人吗？"

"没有。"

"太有意思了！有鸡吗？"

"没有。"

“唉，没有什么是完美的。”狐狸叹息道。

但是，狐狸很快回过神来，继续刚才的话题。

“我的生活别提有多单调了。我捉鸡，人类捉我。所有的鸡都差不多，人也是。所以，我有些厌倦了。但是，如果你驯养我，就仿佛给我的生活带来了阳光。你的脚步声也会变得与众不同，仿佛天籁一般，呼唤我走出洞穴；其他人的脚步声只会让我快点儿钻回地下。看到远处的麦田了吗？我不吃面包，因为小麦子对我没什么用，所以麦田对我来说什么都不是，这很可悲吧！但是，你有一头金发。那么，若你驯养我，这一切是多么美妙！金灿灿的小麦会让我想起你。我会爱上风拂麦浪的声音……”

狐狸凝视着小王子，很久很久。

“请驯养我吧！”他说。

“我特别想，”小王子回答道，“但是我的时间不多。我不仅要去寻找朋友，还要学着了解很多事物。”

“你只能了解被驯养的东西，”狐狸说，“人类没有多余的时间去弄清一切。他们总是从商店买现成的。但是，没有哪个商店会出售友谊，所以他们没有朋友。如果你需要一个朋友，就来驯养我吧！”

“我要做什么才能驯养你？”小王子说。

“你必须有耐心，”狐狸回答道，“首先，坐在草地上，离我远一点儿。我会用余光看你，但你什么都不要说。语言是造成误会的根源。但是，你每天坐的位置都需向我不断靠近……”

狐狸向小王子展示了建立深层次关系的重要性，这种联系超越了表面的认识，触及了情感的深度和个体的独特性。狐狸强调，通过这种方式，原本平凡的事物会变得非凡和独特。

我们简单概括一下，在这个故事里，建立关系的核心点有哪些。而这些核心点正是关系的核心部分。

1. 时间和耐心的价值

《小王子》的故事强调了建立深刻关系需要时间和耐心。正是通过共同度过的时光和相互的努力，才能让彼此在对方的世界中占据特殊的位置。

2. 相互的独特性

狐狸提到，一旦建立了联系，小王子对于狐狸而言就是独一无二的，反之亦然。这说明了真正的关系是建立在相互认可和珍视对方的独特性上。

3. 爱与责任

通过与狐狸的互动，小王子学到了爱是一种责任，一旦你驯养了某人，你就对他负有责任。这段友谊教会了小王子关爱和责任感，以及对被爱者的承诺。

4. 失去与收获

狐狸还告诉小王子，虽然建立联系意味着最终会有离别的痛苦，但通过这种关系获得的深刻理解和爱的经历，远远超过了失去的痛苦。

小王子与狐狸之间的故事，可以让我们探索到人际关系深层的意义，揭示了建立联系的美丽、复杂性和不可避免的痛苦。这段故事传达了一个强有力的信息：通过付出时间和心力来建立深刻的个人联系，我们才能理解生命的真正价值和爱的本质。

这难道不是生活的本质吗！这难道不是父母和孩子之间关系的本质吗！这难道不是夫妻关系的本质吗！这难道不是我们和父母之间关系的本质吗！这难道不是朋友关系的本质吗！这当然也是我们自己和自己的关系的本质。关系的本质就包含了以下的内容：时间和耐心的价值；相互的独特性；爱与责任；失去与收获。

马丁·布伯的关系理论

当我们大致了解了建立关系的本质之后，我不得不讲述另一个人对关系的描述，他的思想也深刻地震撼了我。这个人就是马丁·布伯。在马丁·布伯对关系的阐述里，我深刻地了悟到，儿童之所以可以迅速并持续成长，正是对应了他的这一理论；他也解释了为什么生活就是关系。

在了解马丁·布伯的思想之前，我们先来看他阐述的两段话：

“世界独立于我们的经验之外。他静许我们对其求之，却不予任何回应。世界丝毫不参与我们的认知过程，而我们的认知也丝毫无法触及世界的本质。”“世界上各种能量，都在自然法则的掌控下趋于平衡，世界上各种物质，也都在自然法则的统御下分分合合。”

看完这两段话，你会感觉到：这个世界实际跟你没有什么关系。它静许你，但不回应你，也不参与你，而你根本没有办法触及它的本质。他把这个世界一下子拉了出去，独立了出去。有了这个初步的感受，我们再从马丁·布伯的角度来看，既然我们跟这个世界没有什么关系，那这个关系又是如何搭建的呢？他认为，关系只存在于两组基本词里：“我—你”（I-Thou）和“我—它”（I-It）。他用这两种基本的存在方式，来描述人类如何与世界、他人以及自身建立联系。

也就是说，我们跟这个世界所有的关系，都建立在这两个基本的词组里：“我—你”（I-Thou）和“我—它”（I-It）。

在布伯的理论中，关系并不仅仅是一种外在的或功能性的连接，而是一种真正的相遇，一种深刻理解和共同存在的状态。

“我—你”关系是一种全面的、直接的存在关系。在这种关系中，个体以完整的自我与对方相遇，没有任何中介、预设条件或目的性。这种关系是临在的，即它发生在此时此刻，不受过去经验或未来预期的影响。在“我—你”关系中，双方都是主体，彼此之间存在着真正的对话和交流，这种关系体现了对方的无限价值和独特性。通过“我—你”的相遇，个体能够超越自我，实现更深层次的自我认识和世界理解。

与之相对的是“我—它”关系，这是一种个体将对方视作对象、手段或概念的存在方式。在这种关系中，交流是间接的，通常是基于某种目的或需求。对方在这种关系中被削减为可被认知、使用或分析的对象。虽然“我—它”关系在日常生活中是必需的，但它缺乏“我—你”关系中的深刻相遇和真正的存在共享。

布伯的关系理论强调了在人与人、人与世界之间建立真正意义上的联结的重要性。他认为，只有通过“我—你”的关系，人们才能体验到生命的完整性和丰富性。

我依然用布伯的一段关于爱的语言，来阐述真正的关系。我想这和我们这本书的思想是一致的，也便于我们在下一节的内容里阐述母亲和婴儿的关系。

“人存在于爱之中。这不是一个比喻，而是确凿的真相：爱不会依附于‘我’，以图将‘你’内容化、物化；爱存在于‘你’和‘我’之间。如果谁不懂得这一点，不能用自己的全部本性体会到这一点，那么他就不会懂得爱，即使他将自己经历的、感知的、享受的和表达的感觉，都归结为爱，也无济于事。爱是盈满世界的作用力。谁置身爱之中，凝视爱，那么世间众人都不再是劳苦恣睢的蝼蚁；无论善良或邪恶、聪慧或愚钝、俊美或丑陋，芸芸众生皆变得越发真实，最终成为‘你’。这是一种挣脱，一种超越，是唯一且相互的见证；于是，一对一的关系便产生了——它能够影响、能够帮助、能够疗愈、能够教化、能够升华、能够救赎。爱是‘我’对于‘你’的应尽义务：

爱的特性之一，是在所有感觉里都寻不到的，即爱人者的无差别性。无论是身份卑微的小人物，还是位高权重的大人物；无论是终生受宠的幸运儿，还是出于对众生之爱，有勇气和能力做出极限抉择，在苦难中修行的人，他们都是一样的。”

这就是爱的关系，也是布伯说的“我—你”的关系。

孩子和妈妈的联结是关系的开始

婴儿与妈妈的相遇

婴儿出生的时候，和万物似乎都没有关系，既没有建立起跟人的关系，也没有建立跟自己的关系。世界似乎也独立于婴儿之外，它静许婴儿对其求之。婴儿和妈妈的关系打开了他和世界的大门：他透过妈妈的爱和照顾，来建立最早的他跟他人的关系；在跟他人的关系建构的过程中，他逐渐形成了与外在环境的关系，最后建立了和自我的关系。

婴儿出生以后，要在这个世界上活下来，他必须建立最初期的跟妈妈的联结和依恋。这话听上去似乎有功利的色彩，那就是为了活下去需要被爱。但实际上，在婴儿的生命里，存在一种奇迹般珍贵的东西，那就是爱。婴儿有一种巨大的能力，就是当他从出生的那一刻起，他的每一声哼哈、每一个表情、每一个动作、每一个姿态，都能够唤醒成人对他的爱。这种奇特性才是他建立关系的本质。

婴儿是一个裸露的灵魂降临在地球上，降临在一个家庭中，他不具备对这个世界的任何看法。他并不知道这个人是他的妈妈。他的眼睛看不清，只看到妈妈一个模糊的状态，有头发，然后面孔相对白，眼睛相对黑。然后这个人经常对他说:“嗨,妈妈抱。”“妈妈看你怎么了。”这样的过程,除了肌肤的触摸和模糊的视觉之外,婴儿最主要感受到的是一种氛围和能量。在漫长而耐心的陪伴、关爱、呵护和照顾中,婴儿逐渐知道这个人叫“妈妈”——第一个关系便诞生了。婴儿的世界从无扩展出了“妈妈”这个认知、爱、情感和关系。

在这种关系中,婴儿就是以完整的自己与妈妈相遇,“没有任何中介、预设条件或目的性”。婴儿完全是临在的,即他发生在此时此刻,他还没有产生过经验,所以不会受任何东西的影响。在“我—你”关系中,婴儿和妈妈都是主体,这种交流超语言、超感觉,是一种心灵的交流和沟通,超越了成人世界的所有价值,成为一种独特的存在、生命本身的存在。

我的一位朋友,刚生下一个婴儿。我看望她的时候,她抱着她的婴儿,和孩子深情地对视着。我问她:“你在跟孩子联结的过程中,你感受到了什么?”她说:“无边的浩大、深远的宁静和无尽的爱意。”

这就是完整性和一体感,是婴儿最高级的地方。他从出生的那一刻起,与所有东西的关系都是“我与你”的关系。正是基于这样的关系,才使婴儿迅速地成长。因为这样的关系在扩展他的世界,扩展他的认知。这也是皮亚杰说的儿童认知发展的过程,是顺应和内化的过程。这种过程也是基于关系来完成的,婴儿在和人与物的关系中顺应和内化,所以“条条大路通罗马”。

婴儿刚刚出生的时候,语言能力是零,也没有最基本的智力状态。但是婴儿具备非常敏锐和高级的感觉系统和精神胚胎系统,早先的时候他要用他的精神胚胎、能量来感觉这个世界跟他的关系。

那么,婴儿有没有某种基本的经验性的感觉呢?当然有。因为婴儿在母亲的子宫中居住了十个月。这十个月间,他对妈妈的心跳是有明显感觉的。他喜欢贴在妈妈的胸口听她心跳的声音,当他哭的时候,他会把脸蹭在妈妈怀里，用手抓她的头发。这意味着一个婴儿要靠嗅觉、触觉来逐渐熟悉喂养者是可依赖的，逐渐建立跟这个人的依恋关系，这是最早的婴儿跟妈妈产生的关系。如果你感到一个人坐在你面前能量很“紧”，你就能知道，他小的时候依恋关系没有建立起来。一旦依恋关系建立起来，婴儿会很放松，会很松弛，这种松弛感也是愉悦感，因为他被爱着。

他同样不知道外在世界，不知道人有什么不同，不知道空间有多么大。当他看不见妈妈的时候，妈妈就消失了。他不知道此一物跟彼一物是可以分离开的，空间是有距离感的……但是当他和妈妈建立了一种爱的关系后，他要在这种安全关系的背后探索外在的物的世界。婴儿是基于和妈妈的爱的关系，跟这个外在世界建立最早的关系。

儿童常见的心理创伤

我做儿童工作几十年，经常会看到各种不同的孩子，大多数孩子对成人是恐惧的。孩子基本上见到成人就躲，他们很惧怕成人。但我也看到很多孩子，他们和成人的关系都充满了友善和爱，而且积极主动地和成人建立关系。

这样的差异会让人引起一系列思考：究竟发生了什么？究竟这些婴儿在成长的过程中经历了什么，会让孩子产生如此之大的差异？这样的差异会让孩子顺着两条完全不同的道路成长。我们需要跟孩子之间建立一种爱的关系，让孩子建立起基本的安全感，以便于他可以把自己的精力、时间和生命的潜力，放在和外面的世界建立关系上，来扩充和扩大他的世界和认知。

在成长和人际交往中，我们成人可能永远要面对和遭遇两种基本挑战：一方面是渴望亲密和联结的需要，另一方面是保持自我独立和界限的需要。

但对于儿童来说，尤其是在儿童早期，他们所经历的创伤和情感伤害，往往围绕着这两种基本的情感需求——被爱和被接纳的需求（与遗弃性创伤相关），以及发展自我、表达个性的需求（与吞噬性创伤相关）。所以，我们把一系列复杂的创伤（创伤的种类和经历远不止这两种，人们的创伤经历是多样化和个体化的）简化和概括出两种基本的心理创伤类型，来阐述儿童常见的心理创伤：一种是遗弃性创伤，一种是吞噬性创伤。

遗弃性创伤

我们先了解遗弃性创伤。遗弃性创伤源自被重要他人遗弃或忽视的经历，如家庭成员、亲密伙伴的离去或忽视。这种创伤留下的是一种深刻的孤独感、被抛弃感和不被需要的感觉，可能导致人体发展出对建立亲密关系的恐惧、不信任他人以及自我价值感低下等问题。

比如，把孩子送到祖父母处带养，但是孩子对这个陌生人毫无感觉。那种生育孩子、在生命里和孕育者联结的感觉，就在被送走后断掉了。孩子只知道自己被送到了另一个地方，那个发源地和自己断开了，那个源头和自己断开了。这种创伤称为遗弃性创伤。

所有的生命都怕被遗弃，都怕和源头断开。所以，我们才会在毫无觉知的状态下，无意识地威胁孩子："再不听话，我就不要你了。""你走开！""你再捣乱，警察叔叔会抓走你。""你不睡觉，狼会来吃你。"这种原始的、本能的意识状态，在这些随意性的语言里，暴露无遗。因为许多成人都能敏锐地捕捉到婴儿最致命、最恐惧的地方，以此来威胁婴儿。

我大概在 4 岁多时，我的母亲把我送回老家，让我在奶奶家生活了几个月。虽然时间并不太久，但我的记忆是如此的深刻。因为我和我的奶奶在我成长的过程中，仅见过一两次面。所以，突然把我放到了一个陌生的地方和陌生的人相处，一下子让我感觉被扔到了一个孤岛中……没有情感的联结，我一直处在恐惧中。我记得每天我都会站在那个院子的门廊下，等待我母亲的出现。每天如此，那种孤独无望和期盼给我留下了深刻的印象，即使此刻我在书写时，我依然可以清晰地捕捉到那段时间我的茫然无措、孤独无依、恐惧紧张。童年的我并不知道，那个人是我的奶奶，那个家是我奶奶的家，以及奶奶跟我有血缘关系。我只有一种感觉，我被放到了一个陌生的地方，周围是一堆陌生的人，这些人和我的生命一点联结、一点关系都没有。我的母亲是一位充满热情的人，活力饱满，也是一个善于表达爱的人。现在想来，我的奶奶是一个理性的、平静的人，并不善于表达情感。那几个月，让我真正体验到了恐惧、孤独，体验和任何人都没有关系的凄冷和悲伤的状态。

这种感受完全是我主观的感受，因为我的奶奶、我的姑姑、我的叔叔，他们都感觉很爱我，很保护我。但是童年的我没有看到这些，甚至不知道他们跟我的关系。儿童真的是太弱小了，他们需要爱的联结，让自己产生安全感。

遗弃性创伤常常发生在儿童期，其影响可能会持续到成年后期。我们来了解遗弃性创伤的一些特点。

1. 强烈的恐惧感

受到遗弃性创伤影响的个体可能会发展出一种持续的恐惧感，害怕再次经历被亲爱的人遗弃的情境。这种恐惧可能导致他们在建立亲密关系时过分谨慎或回避。

2. 依恋问题

遗弃性创伤可能导致依恋障碍，如不安全依恋（焦虑型或回避型依恋）。这会影响个体与他人建立和维持健康关系的能力，因为他们可能在亲密关系中表现出过分依赖或疏远的行为。

3. 自我价值感低下

被遗弃的经历可能导致个体感到自己不被需要，不值得被爱。这些感受可能导致自我价值感低下，影响他们的自尊和自信心。

4. 情绪调节困难

遗弃性创伤个体可能会在情绪调节上遇到困难，表现为情绪波动、易怒或抑郁。他们可能难以处理复杂的情感，如悲伤、愤怒或羞愧。

5. 社交和信任问题

因为对被遗弃的恐惧，这些个体可能在建立新关系时遇到困难，对他人抱有戒心，难以建立信任。他们可能会回避深度的人际交往，以免再次受到伤害。

6. 控制行为

在某些情况下，遗弃性创伤可能导致个体尝试通过控制关系中的各个方面来防止被遗弃，这可能包括控制性的或操纵性的行为。

7. 分离和孤独

受创伤影响的个体可能倾向于在感到潜在的威胁或不安全时自我隔离，从而导致孤独和社交隔绝。

我们可以从以上这些内容来检视自己是否有这样的创伤，同时警醒自己，不要让孩子再经历这个过程。

听上去这些创伤对我们影响很大，但疗愈总是可能的。我的好朋友在童年几个月大时，被送到了奶奶家，在一岁时因为腹泻不止，不得不再次回到母亲的身边。这将近不到一年的时间，给她带来了巨大的创伤。那种孤独感和分离感一直影响着她的生活。但是，疗愈是完全可能的，她一次又一次地进到自己生命的里面，一次又一次地给自己疗愈着……生命的神奇就在这里。当我们学会爱自己的时候，当我们和自己建立了爱的关系的时候，疗愈就开始发生了。

我想说的是：我们都有创伤，但是我们都可以自我疗愈，这就是成长。

吞噬性创伤

第二种创伤，是吞噬性创伤。

吞噬性创伤发生在个体的界限被过度侵犯，感到自己的需求、愿望和个性被他人（通常是具有控制性或需求性的亲密关系）忽视或否定的情境中。这种创伤使个体感到自己的身份和存在感被“吞噬”，难以表达自己或成为一个独立的个体。这可能导致依赖性、自我消失感以及边界模糊等问题。

我们在许多漫画书中，或者在梦境中，常常会感觉到自己被某个怪兽吞吃掉了。当然吞吃掉的不是我们的肉体，吞吃掉的是我们内在逐渐建构起来的自我。而妈妈和爸爸可能就是那个“怪兽”。比如，一切都由妈妈说了算，所做的一切都要经过妈妈的容许；当父母情绪上来的时候，愤怒的情绪就完全把孩子吞没了；孩子不喜欢吃什么，妈妈却认为那个东西有营养，非强迫孩子吃；等等。

这种强制性的模式就是，父母为大，小孩很小，父母大到把孩子挤压没了，孩子的“小”被吞没掉了。父母看不到孩子，看不到孩子的感受，看不到孩子的需要，看不到孩子的独特，看不到孩子的天赋，孩子的自我在父母那里完全地消失了。每天彰显的都是父母的主意、父母的意见、父母的意志、父母的要求和期待。孩子在还没有形成自我的时候，刚刚有了自我萌芽的童年，就已经被父母的意志吞噬掉了。

不用举任何例子，因为现实中这样的人和事情太多了，这样扭曲的人格状态也太多了。我们需要知道的是，这种吞噬性创伤给我们带来了什么。

我们需要了解它的特质，以便让我们警觉自己，并善待我们自己和我们的孩子。

吞噬性创伤有以下创伤特征。

1. 自我消失感

个体可能会感到自己的需求、兴趣和感受被完全忽略，导致自我认同感和自尊心受损。他们可能觉得自己只是为了满足他人的需求而存在，而不是作为一个有独立需求和感受的个体。

2. 界限模糊

吞噬性创伤的受害者往往难以建立或维护个人界限。他们可能不知道如何说“不”，或者感到有义务满足他人的期望和需求，即使这样做会牺牲自己的福祉。

3. 依赖和适应性行为

个体可能会发展出一种过度的适应性，总是尝试预测并满足他人的需求，以避免冲突或被拒绝。这种行为模式可能导致对关系的过度依赖，以及失去自我引导的能力。

4. 情感隔离和孤独感

因为感到自己的真实自我被忽略或不被接纳，个体可能会感到孤独和与他人隔绝，即使他们在物理上与他人在一起。

5. 恐惧亲密和独立

吞噬性创伤可能导致个体既渴望亲密和联结，又害怕这种亲密，因为它可能意味着再次失去自我。同时，他们也可能害怕独立和自主，因为过去的经验告诉他们，这可能会导致被拒绝或孤立。

6. 自我疏离

长期的吞噬性创伤可能导致个体与自己的内心世界疏远，难以识别或表达自己的真实感受和需求。

儿童形成自己和自己的关系

儿童最早建立起来跟妈妈的关系，然后又逐渐形成了跟外在世界的关系。在这个过程中，儿童也在形成着与自我的关系。这正是我们的教育中缺失的部分。

基本上没有人会对孩子说：“你可以自己跟自己玩一会儿。”“你要自己陪陪自己。”“你要自己照顾一下自己的情绪。”“告诉我，你身体里边发生了什么？”我们的系统中好像忘记了这一部分，所以我们也就不关注儿童的这一部分。由于我们不关注自己的这一部分，所以我们看不见儿童的这一部分。

自我观照的天赋是我们人类最高的智能，这一部分天然地存在于我们的生命中，从儿童期就开始了。现在有大量的视频，可以让我们看到一个孩子对自我内在的感受和觉察。

一个只有 2 岁多的孩子就可以对父亲说：“你伤害了我，你用语言伤害了我，我这里不舒服。我很生气，你要给我道歉。”孩子已经开始感受到他身体里边发生了什么。他已经有了边界感，他不容许别人侵犯他的边界，进到他的里面。而这个人就是他的父亲。他的关系就是从父亲和母亲那里建立起来的。所以，他要求父亲道歉。

我在养育自己孩子的过程中发现，从出生的第一个月起，他就对自己内在发生的事情极其好奇。比如，他打了一个嗝，他会好奇好久，然后等待着再打下一个嗝。他吐奶了，第一次吐奶，他一下会被震住，明显地在感知着他的身体内正在发生着什么。他第一次恐惧的时候，瞬间停住了，脸上的表情让我感觉到他在体验恐惧。

当你接触了上千个孩子的时候，你就能清晰地知道，这种自我反省或者自我观照的能力，是人类先天就有的。

“我存在着”

孩子们在幼儿园，对自己内心的感受是如此的清晰。当小朋友遇到一件困难事情的时候，或者跟其他孩子产生冲突的时候，很多孩子会对老师说：“等一等，我想先和我的情绪待一会儿。等我平静了，再处理。”或者说：“老师，这件事情处理完了，我已经给他道歉了，他也原谅了我。但是我就是难受，我想一个人坐一会儿，陪陪我的难受。”老师会问：“你需要老师的陪伴吗？”孩子说：“不需要，我自己就可以了。”这些语言和这种境况，都是儿童自我观察和自我反省的一种深刻的表现。

这种能力，是人的一种极度深刻的存在感。无论在怎样的状态下，无论外界发生了什么，那个自己都存在着。这种能力，怎么可能无缘无故地在成长的过程中丧失了呢？

我举例说明：当一个孩子迟到了，老师让他站在教室门口，在全体孩子面前说：“谁让你迟到的？你已经迟到多少次了？你给我站到那儿！”因为恐惧、羞愧……自我感、存在感就开始在孩子的身体里面越来越小、越来越小，然后就没有了。那么这时他的身体里存在什么呢？老师变得无比的大，迟到的恐惧感和羞辱感变得无比的大，而他的生命里自我的那部分却消失掉了，留下的就是对权威的恐惧，对情景的恐惧。所有的人都看着他，在这样的关系中，人与自我的关系就完全消亡了。在心理学中，自我感消失被认为是最恐惧、最可怕的处境。

我们给自我存在感的消失一个定义，它指的是个体感觉到自己作为一个独立主体的存在感变得模糊或者完全丧失的状态。这种状态会严重地影响一个人的生存意义，会引起各种精神症状和疾病，比如重度抑郁症、解离性身份障碍、边缘性人格障碍等。

在这里，我们并不是说，当那个迟到的孩子产生过一次自我消失的体验，就会出现如此严重的状态。但是别忘了，儿童在成长的过程中，总是容易恐惧。当父母的情绪大过孩子的感觉的时候，当成人过于猛烈和严厉的时候，会恐吓到儿童。如果这样的过程持续性地发生，就会导致人格障碍，因为持续性发生会累积出一种生命的状态。

在这里，我们立起一座最低的底线石碑:“我存在着！”这是我们养育和教育的过程中要把握的一个最重要的原则。这个底线可以保证我们的孩子不会滑向严重的精神疾病中。作为一个人，作为一个主体的人，他存在着。就是无论发生什么事情，无论孩子做错了什么，他都要存在在那里。“我就在这儿，我没有消失掉。”

为什么现在有这么多人有心理障碍呢？因为他的自我不在了，面对的事情就被夸大了，会铺天盖地落下来。这个感觉是童年期形成的。因此在儿童成长的历程当中，无论你说什么话，哪怕说得多么严厉，只要小朋友的存在感在那儿，就不会有问题。但是如果你的一句话把他的存在感弄没了，那就是最严重的问题，再没有比这个更严重的了。

妈妈的爱，是让孩子感受到自己的价值、自己的存在，感受到幸福、美好的情感，是爱的源泉。妈妈，请爱你的孩子。

为什么爸爸要爱妈妈

在幼儿园里，见到爸爸妈妈吵架的孩子，通常他们的担心都是这样的。

“宝贝，你怎么了？”

“我妈妈怎么办？”

“妈妈怎么了？”

“我妈妈离开了。”

“你妈妈离开怎么了？”

“我爸爸要跟妈妈离婚。”

“如果他们分开，那是大人的选择，你在担心什么？”

“我想我妈妈是不是要住在剧院的那个台阶上。”

孩子的思维和我们成人不一样，他不知道妈妈和爸爸分开后，生活会是怎样的。天是妈妈，因为孩子在妈妈那里有爱；地是爸爸，有爸爸的存在，孩子觉得安全。这就是你能给予孩子的，你要给孩子一个完全的家庭。这是你要做的工作。

孩子从出生一直到长大，都由母爱养育（尽管家庭不同、文化不同，状态各异），因此母亲在家庭中一直要受到重视、被认可，否则孩子未来的关系就会出现严重的问题。母爱的重要性就在于，孩子跟妈妈之间的关系是未来所有关系的基础。

爸爸要爱妈妈，原因就在于此。儿童情感世界的发展完全来自家庭，父母的关系是孩子的一面镜子，家庭教育使孩子和父母之间产生最早的人际关系，这是关系的雏形，孩子其后的一切发展都有赖于这个关系。

我们尝试着用一种戏剧舞台的方法来呈现家庭关系：爸爸妈妈站在一起，孩子站父母的前面。这是一个稳定的三角形（如下图）。在这样的关系中，孩子的成长背后有两个非常坚实的后盾，这个后盾不是钱，不是房子，是爱和支持。有了这样的后盾支持，孩子的成长就会很顺利。因为后方是安全的，孩子的注意力可以安心地放在自我成长和探索之中。

如果夫妻之间关系不和谐了，妈妈的“伴侣”变成了孩子，出现在我们视觉中的是孩子和妈妈站在一起，爸爸站在一个相对远的地方。虽然有爸爸

的存在，但是爸爸却很少参与孩子的成长。妈妈和孩子形成了一种相依为命的关系，这就是错位。如下图这种模式会导致家庭和个人发展上的问题。

首先，儿童可能会缺乏与父亲的亲子关系，导致他们在性别角色、情感表达和社交互动方面缺乏平衡发展。这会影响到他们对于父亲角色的理解和认同，以及对于男性与女性关系的认知。

其次，儿童可能会过度依赖母亲，导致他们在独立性、自主性和决策能力方面缺乏发展。他们可能会对外界的挑战和困难缺乏应对能力，因为他们习惯依赖母亲来解决问题。

最后，母亲可能会承担过多的责任和压力，导致她在心理和情感健康方面出现问题。她可能会感到孤独、焦虑和沮丧，因为她缺乏孩子父亲的支持和伴侣关系。

对于孩子的未来，这种模式可能会影响到他们的情感关系和社会适应能力。他们可能在未来的伴侣关系中出现问题。此外，他们可能会在工作和生活中遇到挑战，因为缺乏独立性和自主性将会影响到他们的决策能力和应对能力。

在这样的关系中，孩子承担了父亲的责任，他会认为妈妈的幸福和未来应该由他来承担。未来当他要面对自己的婚姻时，只要放开了妈妈的手，和自己的伴侣在一起，他就会有罪恶感。而他的伴侣也极可能成为他父亲的角色。失衡的关系就这样轮回下去。

另外一种家庭结构是：妈妈非常强势，站在最前面，而孩子和爸爸在一起，那么孩子就充当了“妻子”的角色（如下图）。孩子的肩上永远背负着一个责任，因为他觉得妈妈太强势了，也会觉得爸爸太弱势了，照顾爸爸的责任应该由他来担负。

在这种情况下，孩子可能会承担过多的责任和压力，因为他们被迫扮演了一个不适合自己年龄的角色。他们可能会失去童年的快乐和无忧无虑，而被迫去应对成人的问题和责任。这会对他们的身心健康和个人发展造成负面影响。

同时，父母之间的强势和不平衡的关系，可能会导致家庭氛围紧张和不稳定。孩子可能会感受到家庭中的紧张气氛，并且在这种环境中无法健康成长和发展。

以上两种家庭关系，都是不健康的家庭关系。健康的家庭关系需要考虑到家庭成员之间的平衡和互相支持。父母应该共同承担家庭责任，并且尊重彼此的意见和感受。家庭成员之间也需要通畅沟通，彼此理解，这样就可以帮助孩子建立健康的自我认知和应对能力，为孩子提供稳定的家庭环境和支持，让孩子得以健康成长和发展。当孩子成人后，有了自己的孩子时，也会复制上一辈的健康关系——关系也会遗传。

所以，家庭关系往往是跟所有人关系相处的雏形，这就是为什么夫妻两个人一定要相爱。婚姻生活特别重要的是为孩子建造了一个可靠的靠山，孩子可以依靠家庭，勇往直前。

父母要检视关系中权力属性的界限

当我们反复强调父母跟孩子之间爱的关系的时候，有可能让很多父母忽略一点，实际上我们和孩子还有另一种富有权力性的关系。现在我们需要回来检视我们与孩子的这种关系。

父母不要夸大自己的权力

父母首先是有自然属性，然后才有权力属性。“我”拥有一个权力，“我”监护孩子成长，“我”是孩子的监护人，但是，这个权力不能无限制地夸大。我们的权力只存在以下几方面：在生活中，任何人都不可以伤害孩子，父母有保护孩子的责任；在任何情况下，孩子也不可以伤害到自己，父母有保护孩子安全的责任；在一般情况下，孩子不可以伤害到他人，父母有保护孩子道德的责任；在任何情况下，孩子不可以伤害到环境，父母有保护孩子不伤害环境的责任。这就是父母所行使的权力和责任。当然，父母还要履行其他一些责任，例如让孩子受教育等。

父母要把握的是，怎样在跟孩子的关系中不夸大自己的权力。

你首先是孩子的父母，其次才是他的监护人。这两个身份，父母要剥离清楚，而且要时刻转换。当你要监护孩子的时候，你就使用你的权力。这个责任一旦完成，你就是一个充满爱的妈妈。许多妈妈把孩子作为自己的私有财产，孩子所有的一切都由她来决定，妈妈还铿锵有力地说：“我养活了你，所以你必须听我的。”这种无限放大的权力，使家庭变成了家长制的家庭。孩子与父母之间没有了平等和爱的关系，变成了一种监护和被监护的关系，管制和被管制的关系。

你是孩子的监护人，同时要知道你的权力界限在哪里。在这个权力界限之外，你要尊重孩子，准许他成为自己。

爱孩子，让他成为他自己

被爱者——主体的感受，主体必须体验到被爱。

爱者——无条件地全然地爱你原本的样子，不能驯化、强制别人。

暴力——任何侵犯个人自我感的行为都是暴力。

心理学家约翰·布雷萧对暴力这样解释：任何侵犯个人自我感的事物就是暴力。在这个定义里，一个较有力量、权威和知识的人，妨碍另一个较无力量的人的自由，这就是暴力。它包括：

- 忽视他们的健康；
- 在情感上抛弃他们；
- 打、踢、推、掐、摇、捏他们，拔头发，用东西打他们或是威胁要打他们；
- 让他们撞见各种身体暴力发生的现场；
- 无法保护他们免受年龄较长的同辈、同学或邻居的欺负；
- 嘲笑孩子的身体；
- 对孩子有不合理的要求和期望；

· 拒绝为孩子设立规则；

· 在供给他们性资讯方面不负责；

· 让他们看见成年人或年长的亲戚从事任何形式的性行为；

· 利用他们满足你自己想被赞美和尊重的需要；

· 要求他们表现、成功、漂亮、运动有好成绩、考试名列前茅，只是为了填补自己的失望和悲伤；

· 利用他们作为你的愤怒和羞耻的替罪羔羊；

· 拒绝解决你过去尚未解决的问题。

爱一定是在关系中体验和感受到的。如果被爱者没有体验到，他体验到的是什么就是什么。我们不能把它解释为爱。爱不是一方说了算，爱是在两个人的关系中间产生的一种流动。哲学家马丁·布伯说："爱不在我心中……我们在爱中，爱大于我们独立存在。"我体验到了爱，同时你也一定会体验到爱，这就是爱的核心感受。

爱，没有差别性。

爱，是无条件的，是全然地爱他原本的样子，而不是强制他。

什么叫作原本的样子？

如果他是一朵花，那就爱这朵花，不要想把他改造成一棵树。如果他是一棵树，那就不要把他改造成一朵花。如果他在你的眼里是一个"笨孩子"，那就让他成为一个"笨孩子"。因为这个"笨孩子"，有他生命的意图，这个意图就蕴含在他自己的生命之中。如果他是一个聪明的、活泼的孩子——实际和"笨孩子"没有任何区别，那就让他去挥洒自己的热情。想要改造孩子的想法，会让孩子和你都在痛苦中纠结不已。每个孩子，来到你的家里，都是一个礼物。他们有自己的使命和活着的意义，但不是你的使命和意义，也不是社会的使命和意义。如果他不能活成自己的样子，他就是一个工具。请你安然地做一个父母。

大部分人都不知道“我是谁”，这个命题一直悬挂在古希腊德尔菲神庙的门匾上——“认识你自己”。这是我们人类永恒的命题，是我们每一个人终其一生都在寻找的答案。如果我们找到了“我是谁”，我们就找到了宇宙的源头。这是一个多么重要的问题呀！但是，我们的孩子在成长的过程中，却被我们拉得离“我是谁”越来越远。他们成人后，就要用大量的时间、精力、痛苦和纠结，来寻找“我是谁”，这是多么悲惨的事情。

我们在30年前开始学着如何爱孩子，告诉家长不应该打自己的孩子。现在，我们需要开启一个新的历程，一个更高级的历程，就是爱孩子，让他成为自己。越成为自己的人，越有天分；越成为自己的人，自我意识越强大。我们的目的不是为了培养社会的人，那是附带的结果。成为自己的人，他可以成为社会的任何一分子。

父母不要总想着教育孩子

美国有一个实验讲公正来源于哪里。这个实验在全世界多个地方重复做了许多次，都是同样的结果。

实验者找来一个3岁的小女孩，然后再找一个木偶，这个木偶不会说话，不会提要求，不会拒绝，什么都不会，被一个大人操纵着。小女孩和木偶的中间放了一个盆，盆里有很多个桶，桶里面有硬币，小女孩跟小木偶一起钓这些桶里的硬币。钓上来以后，小女孩拿着硬币去兑换喜欢的贴画，然后由小女孩给自己和木偶分配贴画。全世界多个地方做这个实验时都发现，小女孩给小木偶分配的所有东西，在任何时候都是极度公正的，小女孩从来不会因为小木偶不会说话、不会拒绝、不会要求而少给它分点，要么就平分，要么就根据小木偶工作的勤奋程度多分。

紧接着，这个实验在多个国家找大人来做，让参加的两个人不见面，给他们1000美元，一方有提议权，提议怎么分配，比如五五分、六四分、七三分、二八分……一方有否决权。否决方如果不同意分配方案的话，两个人都得不到这笔钱。第一次实验基本上都是公平的五五分。一个月以后进行第二次实验，公平不见了，不再是五五分，而是六四分、四六分、三七分、二八分……实验者发现，不同的人种、不同的文化教养、不同的家庭收入、不同的文化所产生的公正度不同。不一定是经济利益大于一切，有的时候达到四六分的时候，对方就不要了。他的想法是："我不要，你也要不了，因为我觉得不公正。"所以公正变成了人们第一位要考量的，金钱变成了第二位。

这个实验结果说明，公正来源于天生，而不公正则来自教育和头脑的结合。

在我们社会的教育系统中，不太相信一个人已有的，总想要教育他。可是你怎么能知道你的教育就是好的呢？你怎么能教育一个人跟你的关系呢？

所以，父母要知道自己的权力界限，不要总想着去教育孩子。在任何领域中，未来儿童要学习任何一样东西，都来源于他最早和妈妈的连接。如果一个人想学绘画，他对绘画的秘密不了解，他成为不了一个画家；如果一个人想学音乐，他对音乐没有感受，缺乏联结，他是学不会音乐的。所以孩子最早的6年，或者说12年，根本不在于要学什么知识和技能，而是要让他的生命全然对那个系统、那个学科产生一个联结。我看到光是什么感受，那来自感觉；我看到妈妈是什么感受，我知道爱是什么感受；我看到各种色彩，知道是什么感受；我知道穿什么，就会有什么感觉。所以最早先的关系，儿童是要凭借跟妈妈的联结度来产生跟所有东西的联结度，他对哪部分联结得越好，他在哪个领域中就学得越好。

三元家庭关系

家庭的三元关系通常指的是家庭内部三种核心的人际关系，这些关系构成了家庭结构和功能的基础，并对家庭成员的心理发展和福祉产生深远影响。我们下面就说说这三种关系。

夫妻关系

夫妻关系（伴侣关系）是家庭结构的基石，是构成家庭的最初和最核心的关系。健康、和谐的夫妻关系能够为家庭提供稳定性和安全感，为儿童成长创造积极的环境。在这种关系中，伴侣间的相互尊重、理解、沟通和解决冲突的能力，对维持家庭和谐至关重要。

我们先来解释为什么夫妻关系是家庭结构的基石，是最核心的关系，了解这一点非常重要。

夫妻关系被视为家庭关系中最核心的关系，是家庭结构的基石，原因在于其对家庭的整体功能、稳定性以及成员的福祉具有深远的影响。

1. 家庭的创建和延续

夫妻关系通常是家庭创建和延续的出发点。通过这种关系，个体建立起共同生活的承诺，决定共同养育子女，共享资源，以及面对生活的挑战。在许多文化中，这种关系的形成被视为成立家庭的正式开始。

2. 情感支持和安全感

夫妻之间提供给对方的情感支持和安全感，是家庭稳定的重要基础。 健康的夫妻关系可以给家庭成员带来安全感，尤其是对儿童来说，父母之间的爱与和谐关系，能够提供一个积极的成长环境。

3. 决策和家庭管理

夫妻是家庭中的主要决策者，他们共同作出关于家庭财务、居住、教育以及其他重要事项的决定。夫妻关系的和谐与否，直接影响到家庭管理和日常运作的效率和氛围。

4. 社会化和角色模型

夫妻关系为儿童提供了学习人际互动、情感表达和冲突解决的第一个模型。父母如何相处、沟通以及处理家庭问题，直接影响儿童对健康人际关系的理解和未来社交能力的发展。

5. 文化和价值观的传承

夫妻作为家庭文化和价值观的主要传承者，他们的关系及其互动方式体现了家庭的价值观和传统，对儿童的价值观形成和身份认同有着重要影响。

6. 心理健康和福祉

夫妻之间的关系质量对家庭成员的心理健康和福祉有显著影响。夫妻关系的紧张和冲突，可能导致家庭成员产生压力、焦虑和抑郁；而稳定和满足的夫妻关系，则有助于营造一个能提供支持和鼓励的家庭环境。

因此，夫妻关系的健康与否不仅影响着双方的幸福感，也是维护家庭整体稳定、培养健康后代和传承家庭价值观的关键。这就是为什么夫妻关系被看作家庭结构的基石。

父母与子女关系

父母与子女的关系是影响子女心理发展和社会化最直接的家庭关系。在这种关系中，父母的养育方式、情感表达、教育理念以及对子女的期望，都会对子女的性格形成、价值观念和社会行为产生重要影响。健康的父母与子女关系应该基于爱、支持和尊重，同时设定适当的界限和规则。

我们换一个视角，爸爸妈妈的关系是孩子理解家庭、爱情、安全感以及人际关系的首个并且是最直接的范例。孩子与父母生活在一起，通过观察，耳濡目染，来模仿父母之间的互动，来学习如何与他人建立和维系关系，如何处理冲突，如何表达情感。这些都是孩子需要从父母那里学习和习得的。有什么样的关系能比这种关系更亲近呢？父母的关系每天就呈现在那里：两个人怎么吵架，怎么解决问题，怎么处理人际关系，怎么互动，家庭是什么样子的，两人的爱情展现出来的是什么样子的，这些都是孩子最早接触的内容。所以想象一下，如果一个孩子长大了，害怕婚姻，那这种恐惧是从哪里得来的呢？一定是从自己的爸爸妈妈处得来的。

常常听到有些人说："我恐惧婚姻。因为我太烦我的爸爸妈妈一天到晚吵呀吵的。"一般情况下，孩子会把父母的生存状态、家庭关系、爱情关系，看成未来自己家庭、爱情的翻版。所以，父母的关系是孩子一生中受影响最大的一种关系。

孩子们通常通过父母的关系寻求安全感和稳定性。如果父母之间的关系和谐，孩子通常会感觉到家是一个安全和支持的环境，这有助于他们的情感健康和自信心的发展。

孩子是天生的模仿者，他们会模仿父母的行为模式，包括他们如何表达爱、如何沟通以及如何处理冲突。父母之间的相互尊重、理解和有效沟通，可以教会孩子在未来的人际关系中如何表现。

孩子对家庭中的情感氛围非常敏感。如果父母经常争吵或有冲突，即使孩子没有直接卷入，也可能感到焦虑、害怕或悲伤。反之，父母之间的爱与和谐，会让孩子感到被爱和幸福。

父母的关系为孩子提供了一种模型，帮助他们形成对亲密关系的看法。这包括他们对于伴侣关系应该是什么样子的期望，以及他们自己在未来伴侣关系中的行为方式。

通过观察父母的互动，孩子学习到男性和女性在家庭和社会中的角色。这可能会影响他们对性别角色的认识和自己未来角色的期望。

孩子通过父母解决冲突的方式，学习如何处理自己的争执和不满。一个积极、建设性的冲突解决模式，可以帮助孩子发展解决问题的能力和韧性。

总的来说，从孩子的视角看，爸爸妈妈的关系不仅影响他们的情感健康和安全感，也对他们的社会化过程和未来人际关系的建立产生深远的影响。父母之间健康和谐的关系，是为孩子提供一个积极成长环境的关键。

兄弟姐妹关系

兄弟姐妹之间的关系是家庭中的另一种重要人际关系。家庭为子女提供了学习社交技能、处理冲突和建立亲密关系的第一个社会化场所，兄弟姐妹之间的互动，包括合作、竞争、分享和模仿等，都是他们社会和情感发展的重要部分。这种关系的质量可能对个体一生的人际关系模式产生影响。

关系是生命的核心

以上这三种关系相互作用和影响，共同构成了家庭生活的复杂性和多样性。在一个健康的家庭环境中，这些关系是互相支持和增强的，能够促进家庭成员的个人成长、心理健康和幸福感。相反，如果这些关系中存在问题，如沟通不畅、冲突频繁或情感疏远，可能会导致家庭成员经历压力、焦虑或其他负面情绪，甚至影响家庭的整体功能和稳定性。因此，理解和维护这三元关系的健康，是增进家庭幸福和成员福祉的关键。

在一个家庭中，三元关系都处在一种健康状态，真的很不容易。夫妻双方要维系一个稳定的家庭，维系爱的关系，也很不容易。父母和孩子之间维系爱的关系，似乎也变得艰难。

我们在前面说过“关系就是生活”，为什么？因为从我们出生、成长、成年，再到老年，每个阶段我们都在与家人、朋友、同事、伴侣建立关系和维护关系的状态中，关系贯穿我们一生。不仅如此，我们也是通过关系来定义自己，理解世界，并且在社会中找到自己的位置。

同时，关系为我们提供了情感支持和归属感。尤其是深层次的、有意义的关系，可以让人感受到被爱、被需要、被理解，这是我们幸福感和满足感的重要来源。而且关系也是我们在生活中面临挑战和困境时的避风港和坚实支柱。

关系也促进我们个人的成长和发展，我们正是在关系中促使自己反省、学习、成长。并且，许多关系，比如爱情、友谊，都能激发我们的生命潜力，帮助我们成为最好的自己。

所以很多人会说：“你想成熟吗？谈一次恋爱吧。”这句话的意思也许是，在恋爱关系中，你可以体验到情感的深度和复杂性。在恋爱关系中，你不仅要把一生累积下来的关系经验使用上，还会激发出你所有的潜能，让你超常发挥：要沟通，要倾听；要表达，要反思，要理解；要承诺，要有责任；要接近他人的内心世界；在关心自己的同时，还要关心别人；要平衡自我的需求和伴侣的需求，还要看自己的情感反应，以及如何管理自己的情感……虽然恋爱不是让人成长的唯一途径，但是恋爱的过程足够轰轰烈烈，既可能令你感到幸福无尽，也可能让你体会苦海无边。

所以，我们在关系中出生，也在关系中成长；我们在关系中获得幸福，我们也在关系中迎来痛苦；我们在关系中获得健康，我们也在关系中造成创伤；我们在关系中找到自己，我们也可能在关系中失去自己。关系成为我们生命中核心的部分。

附

关于“三元家庭关系”的访谈

问：当孩子心理力量弱，不敢争取自己的正当权利时；当孩子缺乏安全感，在环境中紧张胆怯时；当孩子在交往中遇到障碍，不能顺畅交往时；当孩子不遵守规则时，当孩子时常不能专注地工作时，当某一个问题持续而不能得到解决时……父母往往会感到困惑而无措。从家庭的角度来看，您觉得问题的关键在哪里？

孙瑞雪：问题的本质是父母。对于一个新生命，关系首先产生在跟妈妈之间，妈妈跟孩子的关系亲密了、放松了、和谐了，孩子就会尝试着用这种关系跟其他人相处。所以，核心点是孩子和妈妈的关系。

问：妈妈在和孩子的相处中，相信已经在全然地爱孩子，那是不是意味着妈妈要反思和改变自己？

孙瑞雪：我们不是改变什么，如果我们把注意力放在改变上，我们会觉得压力特别大，我们会觉得自己做得不够好。我们要把注意力放在创造上，我们过去和自己的父母没有一个和谐的关系，现在我们要学着爱我们的孩子，学着去创造一种关系。从旧有的关系中迈开脚步，从那里脱离出来，就像从一个旧家庭里走出来，走进一个新房子，我们创建了自己的家庭，这个新房子可以按照我们的意愿来装修和布置，孩子就是我们创造了这个新房子的一部分。妈妈可以透过学习建立一种新关系，然后让孩子在这种关系中体验自己。

问：除了和妈妈之间的关系，在家庭里，爸爸同样是一个重要的角色。许多妈妈认识到夫妻之间的争吵、冲突会影响孩子。夫妻关系对孩子的成长影响是怎样的？

孙瑞雪：夫妻关系是家庭结构的基石。你必须让孩子看到一段完整的关系，而夫妻关系是孩子唯一的、持续的、最直接看到的关系，这个完整的关系就成为孩子对关系认识、体验的参照物。由于这段关系的完整性和持续性，儿童由此潜移默化了父母的关系，变为自己跟别人的关系。

不是说夫妻吵架不好，吵架是生活的必然。但不是吵架了，关系就完结了，而是吵架之后如何处理，处理之后如何使关系进一步发展，这是关系中的重点。如果我们学会倾听、学会沟通、学会妥协、学会接纳、学会承诺、学会规则……我们就会使矛盾达到和谐，去共同面对问题，而不是“我对、你错”。我们要学会彼此支持，学会彼此爱。这个过程在关系中的呈现是很重要的，孩子由此也就学会了在矛盾和冲突中达到和谐、支持，学会爱，使关系更加深入。所以吵架并不可怕，而是吵完之后，我们要达到另一个状态。这就是亲密关系的历程，这就是我们关系中的一个重点。

两个人的关系是一种状态，再加进一个人，就形成了另一层关系，变为三人关系，这是一个本质性的变化。这时候的夫妻关系，就不是没孩子时的夫妻关系，一种新的亲子关系诞生了。除了创造一种新的夫妻关系，你没有其他出路。你不创造也得创造，因为你不曾有过这种关系。

夫妻关系也需要创造。没有孩子的时候，你不会反省自己，你会觉得夫妻吵就吵了。有了孩子，会让你警觉、让你觉醒。这就是关系中最奇妙的地方，因为有孩子的存在。你对孩子是爱的，这个爱会让你觉知，关系的成长就开始了。你就会乐意去创造和丈夫之间的关系。没有孩子的时候，你们夫妻关系的旁边没有一个爱的“间谍”，有了孩子，他时刻在旁审视着你，你会警觉、觉醒。

我们拥有过去的模式，但我们同步创造着新的关系、新的生活。创造并不是专属于一个什么样的东西。儿童每天都在创造，成人在重复的同时，也在创造。

问：和孩子、爱人建立亲密、和谐的关系，是所有妈妈的愿望，但这似乎不取决于我们怎么想。有一种说法是这样的：“和他人的关系如何，首先要看你和你自己的关系。”是这样吗？

孙瑞雪：如果你认为，我想要和我的爱人建立怎样的关系，取决于我本身，就意味着我们又被过去的意识禁锢了。

根本的问题取决于你的梦想和愿望，取决于你是否对关系有足够的好奇，取决于你是否真的想让这个关系达到和谐。如果你有这个愿望，你可以去创造一份关系，你不必在旧有的关系中拔不出来。

孩子是两个人创造出来的结果，两性关系的核心就在于创造。有了孩子之后，你也必须创造一种关系。两性关系的心理结果也是创造，两性关系的精神结果也是创造。关系在于你必须把它创造出来。

问：那如何理解“学会爱自己，学会和自己相处，才会和他人相处”？

孙瑞雪：对儿童来说，儿童出生的时候需要爱来成长。儿童需要经历被爱、爱自己、爱他人的这个历程。儿童需要被爱，体验爱，经历爱，而且是持续性的，这样爱就会长在生命中，儿童就会慢慢地爱自己。因为被爱无非就是感到自己被肯定、被欣赏、被认可，觉得自己有价值，儿童有了这个心理层面需求的满足，必定会爱自己，长大之后才逐渐地爱别人。

而成人的这个过程是被破坏掉的。但是成人的理性发展起来了，可以同步把这几部分同时完成。

这就是三元家庭关系最主要的秘密，也是我们要探索的主要内容。夫妻两人创造了一个新生命，未来就意味着你所有的关系都需要靠自己创造出来，学着创造一种新的关系、一种新的和谐、一种新的生活。当然，这取决于夫妻双方都有这样的好奇和意愿，如果一方没有，这个关系是难以创造的。你不能强制别人，学习和体验的过程不能是强制别人的过程。你们彼此必须有一个共同的意愿，这个创造性的历程才能够形成。

关系是永恒的主题，就像爱情一样。大部分的问题都是在关系中产生的。创造一种新的关系，可以给到父母有力的支持，然后让父母支持孩子，去创造一种新生活，以此让孩子的成长更加完善。

第四章

儿童的六大心理需求

用生命的价值体系去爱孩子

内在系统和外在系统

人无完人，但是人可以完整。实际上，“完整”这个概念在人类的进化史上，被反复不断地提及过。今天，它抵达了一个可被触摸的位置，教育学、心理学、脑科学、哲学等领域的研究整合出了这一人类意识进化的状态。

过去的教育理念认为孩子是一个空的容器，一切都是由成人灌输的。但是，今天对儿童的认识告诉我们，儿童并不依靠成人的创造或成人的教导来发生一个自己，而是自己创造自己。儿童从出生的那一刻起，便已经和父辈不同了，这是进化的历程，这也意味着颠覆了我们从前的思维。

曾经有一个乞丐，他坐在一口破旧的箱子上行乞了30多年。有一天，一个人问他：“你有没有打开过那个箱子？”

乞丐说：“我不用打开，因为里面什么都没有。”

那人说：“你打开看看。”

乞丐生气地打开箱子，却发现箱子里竟装满了珠宝。

这个故事的含义是：你的内在有大量的财富，但是你并不知道财富是什么。

我们寻找无形的财富的方式有两种：一种是向外寻求，当感觉自己出了问题时，就到外面去寻找解决问题的方法。还有一种是向内寻求，遇到问题时把注意力放到内在，向内寻找方法。你会发现，向外寻找的人越来越匮乏，而向内寻找的人则越来越丰富，因为在向内寻求的过程中，宏大的内在会给予人越来越大的力量。

我们拥有两个世界：一个是有形世界，可以被触摸、被感受；另一个是无形世界。而世界运行的规律是无形主导有形。你穿什么样的衣服，生活处境如何，夫妻关系如何，和子女的关系如何，都是由内在的无形世界决定的。可是，由于我们尚未拥有深入观察事物的能力，对无形世界的把握就会出现问题。比如，当说到自由时，绝大多数的人不明白，人之所以是人，是基于自由形成的。

而外在和内在这两个世界对我们的孩子来说，究竟意味着什么呢？

我问过很多人：你认为你拥有什么？通常会听到：职场上取得较高的成就和地位，以及家、孩子、婚姻伴侣、父母、朋友、工作、房子、车子、存款……绝大部分是我们所拥有的物质财富。尤其是对男性来说，社会衡定男性成功与否的标准是座驾、存款和地位。我们把这个评判系统称为社会价值系统。很少有人说：

- 我拥有强壮和勇敢，能够承担起保护家庭和社会的责任；
- 我拥有独立和自主，能够自力更生，独立处理问题和挑战；
- 我拥有理性和冷静，能够理性思考和冷静应对各种情况；
- 我拥有责任和承诺，对家庭、工作和社会的责任，同时能够信守承诺；
- 我拥有丰富的情感，能够温暖家人；

· 我拥有爱和善良，能够善待他人；

……

这些是我们内在的品质。

好爸爸和好妈妈的标准

对于儿童来说，好爸爸和好妈妈的标准应该如下。

1. 关爱和支持

儿童会感受到父母是否对他们充满关爱和支持，包括物质上的关怀、情感上的支持以及在成长过程中的指导和帮助。

2. 陪伴和时间

父母愿意花时间陪伴他们，参与他们的生活，共度快乐时光，在需要的时候给予他们关注和倾听。

3. 尊重和理解

父母能够尊重他们的意见和感受，理解他们的想法和需求，不会轻易否定他们的感受和选择。

4. 榜样和教导

儿童会看父母是否能够做一个积极的榜样，展现出良好的品德和行为，同时给予他们正面的教导和引导，帮助他们树立正确的价值观和行为准则。

5. 安全和稳定

儿童需要在父母身边感到安全和稳定，知道父母会在他们遇到困难或挑战时给予支持和保护。

总之，对于儿童来说，他们对父母的感受应该聚焦在他们是否爱我，是否跟我一起玩耍，是否给了我安全感、温暖和保护。

如果一个孩子告诉你“我爸爸有钱，我爸爸是大官”，周围的成人也因为一个孩子的爸爸是官员就对他好，而另一个孩子的妈妈是普通职工，就对他不好，那么人类的文明会被逐步颠覆。

面对儿童，我们必须用生命的价值系统来做评判。

生命的价值系统包括爱、尊重、自由、规则、平等和支持

生命的价值系统包括什么呢？包括爱、尊重、自由、规则、平等和支持。生命需要在这样的价值系统中成长和发展。

有一次，我看到一位父亲背着双手，无比权威地走在妈妈跟孩子的前面，像个长官，孩子紧张地拉着妈妈的手，尾随在后面。一看这三个人的身体状态，就知道父亲不是父亲，只是一个职务。那种不协调、不和谐的状态，仅仅从身体上就可以看出来。孩子出了问题，这位无法剥离身份的父亲来到幼儿园，也许他以为职务的价值可以解决孩子的问题。

我的一位朋友曾经笑着说：“我姐夫，春节跟我们全家人吃饭，他坐在桌前，会让你以为是哪位领导开的饭局。他吃完饭，趾高气扬地就走了。这是亲人聚会。哎，我真不明白，为什么他到哪里都是那个身份？就不会转换一下。”

这就是一种价值观，但这种价值观对孩子有伤害，对他人不友好，对自己，更是一种不健康的心态。

这样的家长回到家中还带着自己的职业身份，结果导致孩子出现了问题。他们却依然无法感受到这个问题来源于自己，依然认为所有的问题都在孩子身上。他们不知道孩子的眼里只有父母和自己。

把自己的职业身份视为自我价值和成就的象征，希望通过强调自己的职

业身份来获得他人的认可和尊重，来提升自我价值。将自己的职业身份视为社会地位的象征，通过展示自己的职业身份来彰显自己在社会中的地位和权威，获得他人的敬仰和尊重。也许，这些家长可能想通过展示自己的职业身份，给孩子树立一个榜样和目标，鼓励他们追求像自己这样的成就。这种个人的自我认同和自我价值会给幼儿园和家庭营造一种不和谐、不健康的环境。

在电影《看上去很美》里，方枪枪的父亲方家辉就是这样一个角色，这个角色给大家带来了紧张和压力。你真的难以看到这个父亲跟孩子之间有那种亲密关系、有温暖和支持的景象。核心的问题是，这种价值观会像感冒一样传染。它会传染到成人的世界里、家庭中，也会迅速传染到幼儿园里。导致幼儿园的老师和幼儿园的园长都变成一个职业角色。方枪枪的严重心理问题就是这样产生的。

这种价值观会影响孩子情感的健康和社交的发展，既会让孩子感到非常不适，也会导致孩子不健康的价值观。在这个世界上，只有儿童在看人的时候，每个人都是人。儿童唯一能够分辨的就是好人和坏人。然后儿童还能分辨的是，认识的人和陌生的人。

有一次，我抱着一个孩子，让孩子来认识墙面上那些大人物的照片。我指着一张照片问："这是谁？"

他说："大胡子爷爷。"

"这是谁？"

他说："一个胖子。"

"这是谁？"

他说："一个疯子。"

“这是谁？”

他说：“害怕。”

“害怕什么呢？”

他说：“坏人。”

这就是孩子眼里的人。就如同有一个孩子，妈妈问他：“爸爸是谁？”他说：“爸爸是坏人。”孩子只能根据自己的眼睛看见的现状来评判。不管你是爸爸，还是妈妈，或是老师，在孩子的眼里只有善良的好人和凶巴巴的坏人。

我们必须面对和正视的是，当今社会正在以这样的社会价值系统评判和教育儿童，导致教育出现了一些较为突出的问题；老师贪图孩子的家庭出身，导致成人依据儿童的家庭背景，来决定怎么对待这个孩子；家长自视事业成功，成为家庭中的权威，而且必须要求孩子也要有所成就，导致孩子心灵不健全、不健康。

我们必须清楚，每一个生命都归属于自己，每一个生命都是大自然借助父母降生在这个世上的产物。如果我们爱孩子，那我们首先就要尊重孩子的生命，尊重他遵循自己的生命规律去发展。这是一种新的意识观念，它能够帮助我们的新人类。

大量的父母和孩子在一起时，不知道孩子正在经历着什么；大量的父母在孩子出生时，就把孩子交由爷爷奶奶抚养，待孩子长大了，不需要照顾时再接回；大量的父母对孩子一无所知。孩子得不到关爱，没办法和父母联结。

上述文字是十年前写的，而今天这样的后果已经明显地显示出来了。社会问题因为这样的价值观和这样的养育方式层出不穷。我相信这样的价值观还会延续。但是，会有很多父母开始产生警觉，因为后代首先是我们自己的。从生物的角度来看，你应该认真地对待你的后代，否则结果真的比我们想象的要严重。

还原爱本来的模样

生命是基于爱而成长的，所以我们要还原爱本来的模样。爱孩子，就要尊重他是一个独立的生命，这个生命拥有丰富的内在资源。当婴儿出生时，除了身体是有形的，剩下的东西我们一概看不见，但我们可以感觉到精神胚胎的存在。婴儿出生后，为什么我们爱不释手地捧着他，并不是因为我们突然有了多少爱，而是婴儿宏大的精神胚胎把我们的爱唤醒了。

胎儿在妈妈的子宫里是没有空间感的，但出生后空间猛然增大，这是种极度失衡的状态，必须有一种东西让他找回平衡，这就是情绪。情绪能调整、滋养、平衡他的内在，进而去感觉世界。感觉让人发现世界，通过内在的心理转化成意识，转化成语言，再经由认知进行整理、组织、分析和归纳，派生出一个真相，这个真相就是精神。这个过程是被自然界设定的。因此，儿童必须听从精神胚胎的指引，唤醒自己所有的内在资源，建立自我。

儿童首先要建构生命的内在系统，用生命的系统去容纳社会的系统。这两个系统都重要，成长的秩序是先建构内在，再去容纳外在，即先有内在，才有外在。带着建构起来的生命系统迈向社会，进入社会的系统。这个时候，社会的价值系统中就拥有了对人类的爱、对人性的尊重、对真理的追求，而不全然是利益、权力，这样社会才完整，犹如人的完整一样。

我们要用生命价值系统来爱孩子、养育孩子、判断孩子的成长。生命系统的核心是自我，自我的核心呈现是：

- “我是存在的”“我是有价值的”（存在感——自我价值感）。
- “我是值得被爱的”“我爱我自己”“我爱别人”。

满足儿童的六个根本性的心理需求，就在形成儿童的自我价值感和爱的品质，或者说，用生命的价值系统爱孩子，生命的价值系统就呈现了出来。下文中的六大部分即为儿童的六大心理需求。

需求一　儿童需要爱与被爱

在这本书里，关于儿童爱与被爱的内容是描述得最多的内容，因为在我的世界里，我已经深深地建立起一个价值观：爱是生命最重要的法则。当我坐在桌前，撰写关于如何爱以及被爱的内容时，我放下笔，去洗脸，照镜子。我发现我的眼睛是如此的清澈、透明，闪烁着柔和的光芒。我知道这是我在撰写这部分内容时，心里充满爱的一种身体反应。

爱的种子

当我们观察这个孩子的时候，发现他是一个充满好奇心和活力的孩子。他的眼睛和身体永远都在探索周围的世界。当他的探索获得满足之后，他便回到妈妈的怀里，享受着妈妈的拥抱和亲吻。

他的环境是自由的，是安全的。这个安全和自由的环境就是妈妈和爸爸为孩子创造的。父母给予孩子的爱，不仅可以滋养他成长，给他带来了巨大的安全感，也为他种下了一颗种子。

这个孩子会带着这颗爱的种子成长。这颗种子会在孩子的生命里，在孩子成长的过程中发芽生长，为他未来拥有人类最高贵的品质——慈悲、善良、无私、宽厚、关爱、幸福打下基础。

爱的滋养

爱的滋养，是一种非常温暖和充满力量的过程。它发生在日常生活的各种细节中，以及各种各样的互动中。

爱的滋养非常像你养的一盆花，你给它浇水、施肥，让它得到充足的阳光照耀，让它长得越来越好。而且这种养护要长久地进行。如果不这样做，这棵植物就会枯萎。植物枯萎的过程非常迅速，我们可以在短时间内观察到这样的景象。不浇水的话，植物会枯萎；没有太阳的照射，植物会半死不活；不施肥的话，植物会变得孱弱。观察到这些非常重要。

人的成长过程要比植物的生长复杂得多，就算心灵枯萎了，身体也会顽强地生存下去。这就是我们经常看到的一个景象。内在的生命是没有被滋养的，身体却在顽强地成长。这种内在已经枯死，外在还在生长的畸形状态，是我们人类的一大悲剧。有大量的儿童被置于这样的生存境地。

儿童的生存要得以改善，首先是依靠父母。父母要意识到，滋养儿童身体的是食物，而滋养儿童心灵和精神的是爱。虽然心灵和精神我们看不见，但它真实地存在那儿。我们是一个精神体的人。不是我们的精神活在我们的身体里，而是我们的身体活在我们的精神里。

爱的表达

爱的表达不应仅限于言语，可以通过拥抱、亲吻、眼神交流等非言语方式，也可以是一张小纸条、一个温暖的笑容。这些小动作都可以让孩子感受到爱是实实在在的，围绕在他们的日常生活中。

我们经常可以看到这样的视频：孩子进到房间，发现地下撒着花瓣，他沿着花瓣走过去，发现礼物就放在那里，随即是一阵惊喜和呼叫。这似乎太具有仪式感了。许多父母说，哪有这样的时间、好心情或者物质条件来给孩子营造仪式感。

爱，实际是一种心境。它虽然跟生活条件有一些关系，但本质上没有太大的关系。我们依然可以听到许多生活贫困的人在回忆自己的童年时，会流露出自己获得了母亲的爱。这种爱一直滋养着他们，成为他们成年后生活的勇气和动力。

爱可以表现在生活的方方面面，母亲和孩子一起在厨房做饭时，手里拿起一小片胡萝卜，放进孩子的嘴里，微笑地、充满爱意地看着孩子。孩子早晨起床时，亲亲孩子的手、面颊，甚至小脚丫子，再让孩子起床。就算是孩子长大了很多，我们依然可以用拥抱或者某种独特的方式来表达对他的爱。

共度爱的时光

我的朋友在她女儿小的时候，经常会和她女儿一起去做一些孩子喜欢的活动。比如，一起做个网去捕捉蜻蜓，一起去给孩子养的兔子拔草，一起去新华书店买书。我们可以跟孩子共度一段美好的时光。即使是坐在外面的椅凳上一起晒太阳、聊天，或者一起去散步，一起去吃冰激凌，一起读一本书，一起做饭，让孩子感觉到他是重要的。在这些时刻，孩子会感受到自己和父母是一体的感觉。

营造一个充满爱的环境氛围，让孩子在这个氛围中成长。这个氛围是稳定的、持久的。

需求二　儿童需要被重视和关注

许多父母以为：我拼命工作、挣钱，照顾孩子的吃穿……这就是重视和关注孩子。

重视是父母对孩子本身或做的某事，给予高度评价和尊重的态度。它表明父母认可孩子，表明孩子这个人或者做的这件事，对父母来说是重要的，值得父母投入时间、精力或其他资源。重视孩子，意味着认识到孩子的价值，尊重他们的感受、需要和愿望，以及他们作为一个独立个体的独特性。言语上的赞许、时间的投入、行为上的支持都体现了父母的重视。

关注、强调孩子的积极品质和潜能

这样给重视一个定义，可能会让许多父母产生一些疑惑。比如，“当孩子做了一件错误的事情，我如何给予高度的评价呢？”

高度评价并不意味着忽视或赞扬错误行为，而是关注和强调孩子的积极品质和潜能，用支持和建设性的方式指导他们的学习和成长。这种方法是帮助孩子从错误中学习，而不是让他们因为犯错而感到自我价值受损。我尝试提出以下几点，来厘清这个思路。

1. 分离行为与个体价值

你首先需要认真倾听孩子告诉你事情的来源和结尾，评估之后，说明孩子行为的不当：

“我明白你想要获得……，但是用这种方式是不恰当的。”

要把注意力放在强调孩子的个人价值上：

“我知道你是一个聪明和善良的孩子，我们一起找到更好的解决方式吧。”

2. 识别和强调积极意图或结果

即便孩子的行为不恰当，也试图理解他们背后的动机或情感，比如好奇心、尝试独立或解决问题：

“我看到你试图自己解决问题，这是件好事，让我们讨论一下更好的解决办法。”

3. 提供具体的建议和替代方案

我们不仅仅要指出孩子的错误，还要为孩子提供学习和改进的机会：

“下次当你感到生气时，可以来找我谈谈，而不是撕坏书。”

4. 强调成长和学习的过程

把错误当作学习和成长的机会，鼓励孩子不要害怕犯错：

“每个人偶尔都会犯错，重要的是我们从中学到了什么。”

5. 维持积极的沟通

通过积极的语言鼓励孩子，避免使用标签或负面批评：

“我相信你下次可以做得更好。”

以上方式，就是父母“高度”评价孩子本人和他所做的事的方式。我们的目标不仅是帮助孩子识别和修正错误行为，而且还要能增强孩子的自尊心、自我效能感和解决问题的能力。这种高度评价的策略注重孩子的长期发展和情感健康，而不仅仅是短期行为的纠正。

重视说明父母的眼里能够真正看到孩子，看到孩子原本的样子，而不是期待中的孩子、不是比较中的孩子、不是物化的孩子。

而关注则更多指的是，将我们的注意力、兴趣或意识集中在孩子本人或孩子做的某事上。给予孩子关注意味着我们愿意倾听孩子说话，对他们的情感和经历表示出兴趣，在他们需要时为他们提供帮助和支持。父母需要通过倾听、观察、询问、共享经历等行为表现来达到关注的愿望。

用一句简单的话来解释重视和关注，那就是我们每一个人都需要被看见。看见，就是一种最简洁的重视和关注。

儿童透过受重视和关注来建构一生的自我价值

儿童被关注、受重视都是在建立一样东西，就是自我价值——“我是有价值的”。

出生那一刻，儿童拥有两部分。一部分是有一个宏大的生命，这一部分让儿童觉得“我”天然就是有价值的；儿童来到了一个陌生的世界，儿童内在的东西需要跟这个陌生的世界配对，要在这个世界上建构一个新的自己。要建构这个自己，在童年需要获得某些东西来促成，就是“我”是被重视的、被关注的，“我”是被爱的，“我”是值得爱的。当儿童获得这些的时候，自我价值感就会建立起来。

在童年，你经过一番尝试，成功地把钢笔尖插进钢笔帽里，爸爸说“喔，好聪明。”你哭闹的时候，妈妈一直陪伴着你、关注你……这样的关注过程就是建立自我价值感的过程。你获得的价值感来源于自己，当你长大成人，无论干什么，成功或失败，都不会因为事情的成败影响到你的自我价值感，无论遇到什么事情、什么状况，都觉得自己很有价值。无论你是富有还是贫困，无论你有知识还是没有知识，无论你有社会地位还是没有社会地位，你都会认为自己很好，你会选择做自己喜欢做的事情。

一位妈妈曾经因为孩子的这种状态而产生了巨大的困惑。孩子到国外留学，她问我：“我儿子今年第一年上学，学习跟不上，但是他依然没有一丝的自卑，他就是觉得自己非常好。我不知道这种心态是否正常的？这是从哪儿来的自信？”

这让我深刻地感觉到，即使孩子是在这种爱的环境中长大，但这位妈妈因为童年缺失爱，她依然不能剥离事情的好坏和孩子的价值感是有本质的区别的。她不能理解，孩子长大之后为什么有这样的心理状态。不止这一位妈妈，我周围的许多妈妈都感到奇怪，因为孩子无论在什么样的状态下，他们都认为自己是非常有价值的。这样的人，他怎么会抑郁？怎么会觉得生活没有意义呢？这就是一个健康的人的状态。

童年获得的价值感，跟长大以后透过做一个宏大的事业获得的价值感有其相同和不同之处。长大之后再建立价值感真的是太难了。

童年获得的价值感与成年后获得的价值感的不同

童年时期，父母认可孩子的价值，与成年后通过事业成功获得的价值感，在来源、稳定性和对个人心理发展的影响上存在根本的不同。父母的认可为孩子提供了一种稳固、内在的价值感，这种价值感为孩子未来的成长打下了坚实的基础。而职业成功带来的价值感虽然也重要，但更为外在和易变，对个人的心理健康和幸福感的持续影响有限。

这种现状正是这些年来，我们对这些获得爱的满足的孩子感到不解的一个很重要的原因。在日常生活中，感觉到这些孩子，无论他们做任何事情，做成功或做不成功，他们都充满了自信，充满了自我价值感，而且内在的情绪都相当稳定。这就引起了父母的疑惑，父母会说：“啥也没做成，不知道自信是从哪里来的。”这引起了我的思考。我相信父母的价值系统是一个社会的价值系统，他们是以职业的成就来判定孩子的自信状态的。父母是上一代人，所以当问起一些孩子时，他们说：“我为什么要成功呢？我们的价值观不同。”父母则认为：“你都不成功，哪来的自信？”而孩子们充满自信地生活着。他们的追求，已经和父母这一代“成功学”的追求不同了。

这些孩子为什么这样？给我们提供了一个思考的空间。童年被认可的价值和成人后获得的成功的价值，二者在本质上有什么不同？

1. 童年获得的价值感

童年时期父母的认可是外界对孩子内在价值和存在的确认。这种认可基于无条件的爱，强调孩子作为个体的独特性和价值，而非他们的成就或表现。这种认可满足了孩子的基本情感需求，如安全感、归属感和被爱的感觉。

父母的认可通常是持久且稳定的，因为它不依赖于外部成就，而是建立在基本的人际关系和情感联结上。这种稳定性为孩子提供了一个坚实的心理基础，使他们能够在面对生活挑战时保持内心的强大。可能正是基于这一点，许多孩子无论做什么都信心满满，无论经历什么，自我调整的能力都非常强。这正是新一代儿童在我们面前展现的实力和秘密。

对个人发展来说，被父母认可的孩子，通常会发展出较高的自我效能感和自尊，这有助于他们在成年后形成稳定的人际关系，以及在职业和私人生活中做出平衡和健康的选择。

2. 成年后通过事业成功获得的价值感

这种价值感主要来源于个人的职业成就、社会地位或其他可量化的成就。这是基于社会标准和期望的认可，通常与个人的努力和成就直接相关。这种认可往往是条件性的，依赖于持续的表现和成功。因此，它可能导致价值感的波动，价值感与个人的实际表现紧密相关。

事业成功，可能带来暂时的满足感，但也可能随着时间和环境变化而变得不稳定。如果个人的自我价值高度依赖于职业成功，那么任何职业上的失败或挫折都可能导致自我价值感的大幅波动。从这一点上，就可以理解为什么所谓事业的成功，对有些人来说，它的价值超越了自己的生命，超越了家庭，超越了道德，凌驾在一切之上。而当其他的东西都变得没有价值的时候，其实事业成功的价值就变得一无价值了。

对个人发展的影响，通过事业成功获得认可，虽然可以增强个人的自我价值感和社会地位，但如果过分依赖外部成就来定义自我，可能会导致心理压力增加，以及在职业不顺时感受到强烈的焦虑或抑郁。许多人事业失败就会出现很多不正常的状态，比如家庭地位突然降级，甚至抑郁、自杀。我们常常在生活中发现某个人突然在职业上失败以后就变得沮丧、焦虑和一蹶不振，这对一个童年就获得自我价值感的人来说，真的是不可想象的。

内在价值感和外在价值感的本质区别

我在年轻的时候，看过一本传记，描述了美国科学家芭芭拉·麦克林托的故事。我记得我非常欣赏这位老太太的形象。她身着一身工装，看上去是如此的自由和自在。因为她总是在玉米地里工作，所以形象不那么光鲜。她花费了几十年的时间研究玉米的遗传学，并在 20 世纪 40 年代和 50 年代做出了一系列重要发现，包括转座子（transposons）的发现，为人类对基因的理解作出了重要的贡献。她在 1983 年获得诺贝尔生理学或医学奖。

当然，获得诺贝尔奖绝对是一件极度光鲜的事情，因为这是人类最高的奖项之一。但是，几十年如一日地在一块玉米地里做这种工作，这个过程没有即得的利益，没有多少人看见，这是一份独立的、寂寞的工作。获奖了，当然是件幸运的事。但非常有可能的是，这样做下去一无所获。我相信这位老太太不是奔着奖项去做事的。我想问的是："是什么让她能够投入自己热爱的事情中去呢？"在没有获得这个奖项之前，是否因为没有任何价值感而不去做这件事情了呢？答案恰恰是相反的。正是因为对方有稳定的、牢固的价值感，才会去做这样的事情。

如果自身没有很高的价值感，她是没有办法做到的。她在玉米地待了很多年，在玉米地的旁边搭了一间茅草房，每天在那里研究、观察、工作……如果没有自身价值感是做不了这样持久而专注的研究工作的。

当你长大以后，通过做事情获得价值感，那是外来给你的，而不是你自身就拥有的，这两者之间有本质的差别。如果你获得的是社会价值感，那是二手的，你会害怕失去。因为失去以后，你会发现你没有价值了。你通过外力在你身上确认价值的途径，会让你对失去产生巨大的恐惧感。

我常常想，人们对权力的过分追逐，对名誉的过分追逐，对金钱的过分追逐，以及把自己的职务身份和其他身份无法剥离开，究其根本的原因，可能是我们太缺失爱，缺失被重视、被关注、被尊重，缺失被接纳、被欣赏，缺失安全感了。因为这些缺失，我们的内在没有建立起生命里的价值感，导致我们把对所有的价值感的期望都放在了外面，去追逐成功、追逐金钱、追逐权力，而忽视了生命本身的意义。

被爱才会让孩子感觉有价值

我认识一个人，跟他有过几次特别深入的交谈。他的童年很苦，很小就没有了父亲，妈妈带着他在村子里长大。他有一点儿兔唇，所以在村里经常受到虐待、欺辱。这样的童年经历使得他有一个信念，就是如果能挣很多钱，那么他的价值、他的社会地位就会得到很大的改善。成人后，他成为一个房地产商，真的挣了很多钱，他有了家庭，有太太，也有孩子。然后他不断地喜欢别的女人，就这样走到了50多岁。然后，他的生活处境变得越来越艰难。妻子跟他的关系一塌糊涂，孩子跟他的关系也一塌糊涂。他处在不断地更换女伴当中，也创伤着自己。他找不到他需要的是什么。他的成功只是一张被贴在身上的“金片”，他无法感受到自己生命的价值。他真正需要的是爱。

因此，“我是被爱的，我就是有价值的”。

这样的价值感，成人后再建立，真的是太难了。我对一个30岁的人或者25岁的人说：“你是被爱的，你是有价值的。我爱你。”这句话说上10年，当有一天你对他说：“我不爱你了。”他的价值感就像沙滩上的堡垒一样，一下子就坍塌了。但是，你对一个婴儿持续地说：“妈妈爱你，爸爸爱你。”他的价值感的根基就会牢牢地建立在自己身上，建构在他的生命里。所以，我常看到，有些小朋友在幼儿园里，他不怎么需要别人爱他，因为他的爸爸妈妈给予了他足够的爱。

对于一个成人，自我价值感不好，体现在他生活的方方面面。基本模式是：别人说我好，我就觉得自己非常好；别人说我不好，我就觉得自己不好。当别人拒绝你的时候，你马上会有“我不好”的心态。你的价值感完全取决于外在环境对你的评价。这样的处境会让你一生感到不安，因为外在的环境是在不断地变化中的。这些感觉都来自你童年的创伤。

但是，孩子就不会有“我不好”的心理状态。例如：

一个小朋友看到别人好吃的东西，会问："你给我一个吃的，好吗？"对方说："不。"（如果是成人，你就会很难受，觉得被拒绝就是自己不够好。）小朋友会哭，他用哭释放被拒绝之后的难过，但他还没有出现心态的变化。

老师问："发生了什么？"

孩子说："我想要他那个东西。"

老师问："那个东西是谁的？"

孩子说："他的。"

老师说："他的东西，要经过他的同意。如果他不同意，你就得不到。不过，你可以试着跟他交换。"

孩子问："我跟你交换可以吗？我就要一个。"

另一个孩子回答："不，这是我爸爸给我买的。"

老师说："哦，那里面有一份爸爸对他的爱，他不愿意分享给别人。我们要尊重别人跟我们说不。"

孩子释然了，说："那好吧。"

这样跟孩子处理问题的时候，我们心里没有纠葛，孩子也不会有心理纠葛。当孩子长大以后，面对别人的拒绝，就不会有难受的体验。因为，他已经把这个事件和"我"完全剥离开了。那只是一件发生的事情，和"我"自身的价值是没有关系的。

一个孩子在童年得不到关注，在他之后的成长中会不断地期望从别人身上获得这一部分的满足。

有一个男孩子上中学时，到了青春期，班里有好几个女孩子喜欢他，他自己还不怎么懂得。有一次，一个女同学偷偷地把他的鞋带系在一起，他不知道，结果一站起来差点摔倒。还有一次，这个女同学把他的东西拿到女厕所。

孩子对妈妈说："妈妈，她们太烦人了，系我的鞋带，拿我的东西。"

妈妈就问他："你知道她这样做是什么意思吗？"

他说："不知道。"

妈妈说："她在表达一种含义，她很喜欢你。"

男孩疑问："这样喜欢啊？"

妈妈说："每个人的表达方式不同。"

这个女孩显然在她的童年，她的父母跟她之间没有建立起爱的关系，导致她到了青春期，想去爱一个人时，上升不到爱的状态。她所做的一切都是为了引起对方的注意和关注，想透过引起对方的注意来获得爱。这是她童年形成的模式。

很多成人也是这样，爱一个人，不是上升到爱的状态，而是想引起对方的注意。其实，这是他童年的一个需要。也许童年的缺失，使他没有办法逃脱这样的心态。

对于儿童来说，他需要在爱中成长；对于成人来说，如果他不能认识到这一点的话，当他没有办法从爱人身上持久地获得承认，他只能依赖于外在事物。当外在的事物消失的时候，他依然会觉得没有价值感。所以，我们就又回到自己"爱自己"这个命题上了（本书会在其他的章节中讲述这一内容）。

给予孩子充分的重视与关注

父母做到以下 7 个方面，可以给予孩子充分的重视与关注。

1. 父母的态度会影响孩子的自我形象

婴儿生下来的第一个特征，就是他和世界浑然一体、共生。在妈妈子宫里和妈妈共生，这是他唯一的经验。出生以后就以为和世界共生，甚至不知道自己的手、腿，婴儿透过大量的吮吸发现自己的手。孩子由于还没有把自己和父母剥离开，所以当爸爸妈妈不高兴时，他就会不高兴；当父母有情绪、态度不好时，他自己就感觉不好。婴儿天然就是这样的，所以你的情绪、态度直接影响着你的孩子。

一位老师火冒三丈地说："昨天我跟他说话的时候，他把手里的东西扔在椅子上，然后对我说了一句话，那句话并不严重，显得很客气，但我知道他不把我当人看。"她说的"知道"是什么意思？就是她感到对方不重视她，对方的行为、姿态伤害了她的自我感，这让她很难受。她还停留在她的童年，希望对方像妈妈一样重视她，当对方不是这样的时候，她就很受伤。

我们从事教育工作，我们身为父母，第一项工作就是走出自己的童年状态。

我记得我在上一门心理课程时，有位心理学老师，他不知道为什么有一个学员站起来，不是在提问，而是在表现。有一天，他突然站起来对课堂上的学员说："请把注意力从自己的身上拉开，放在一件事情上。"我发现多数学员不明白老师的这句话是什么意思。每个学员都想表现自己，引起老师的注意力，表明自己很好。很多人一直停留在童年，只成长了身体，认知、心理、情感、情绪、精神、自我全部停留在童年，无法成为一个正常的人。所以，一位心理学家说："我今天见到了一个正常的人，这是一个多么奇妙的经验和体会。"

父母成长才可以看到孩子。这就是养育孩子的基本态度。

2. 儿童通过"工作"确认自身的价值

儿童是通过"工作"确认自我价值的，成人也是如此。我希望在这里不要引起成人的误解。透过“工作”本身来确认自身的价值感，和通过工作之后的成就来确认价值感完全是两码事。

就在昨天晚上，我跟我的同事在交谈工作时惊讶地发现，她处理和解决问题的能力非常好。更重要的是，她的内在非常安详和有力量，见识大涨，和以往紧张不安的她有了很大的差异。我好奇地问她：“你是怎么成长到今天的？”她笑着说：“孙老师，我和儿童一样，是用工作来发展自己的。我只要用心做，认真做。慢慢地，我的能力和心力就都增加了。而且，我也更加自信了。”

另外一位管理者，也对我表达了同样的意思。他说：“我们做的这个教育太好了。别看这些教育精神是针对孩子的。我就按照孩子的做法去做，就能达到和孩子一样的状态。”他对我说：“我不管自己做好做坏，只要我相信工作本身就可以给我带来更好的品质和价值感，我就会去做。”

在幼儿园里，孩子们工作的时候，我们有两个最重要的原则。

第一个原则：发现孩子的兴趣。孩子是依靠自己对某一事物的兴趣，开始投入到工作中的。给予孩子按照自己的兴趣进行工作的自由。一旦儿童找到了自己的兴趣，就会完全地投入进去，这实际上就是一种心流的生命状态。

第二个原则：在孩子工作的时候，不打扰孩子。孩子会持续性地“安住”在工作中，延长工作的时间。很多孩子在教室里，一个早晨可以工作一到两个小时，而且是高度投入的。这种工作品质会呈现一种在高度集中和沉思时的美感。

如果没有爱和自由，儿童带着兴趣持续性地工作的状态就不会发生。

工作让孩子充满了成就感和自信，所以父母在家里也要给孩子准备工作的环境和材料。不打扰儿童，让儿童做自己想做的事情，儿童的自我价值感就会在工作中建立起来。

3. 向别人介绍自己的孩子

任何时候家里来了客人、朋友或者亲戚，都要将孩子介绍给对方。一位朋友来我家做客，和我的孩子见面时，她把手伸出来，一直等着……我儿子看了好久，把手伸出去，握手……后来儿子 9 岁时，我们几个朋友聚会，我把我的孩子介绍给我的客人："这是我儿子。"他便主动和每一个人握手。他在学习和使用握手，他觉得这样很礼貌。当你向别人认真地介绍自己的孩子时，你的朋友也会这样对待你的孩子。价值感和被爱的感觉是在生活中体现出来的。

4. 让孩子为自己说话

父母和自己的孩子之间真正的交流，是彼此都在表达自己。如果父母一开口就说教孩子，一张口就是教育和指导，很少蹲下来真正地听孩子在说什么。这个时候，父母不是父母，而是扮演了教育者、法官、审判者的角色。

一位妈妈记录孩子的爸爸陪伴孩子的经历。她写道：

> 爱人很少在家陪伴女儿和我，今天，他终于可以陪伴我和女儿一起看电视，看的是《匹诺曹》。看到匹诺曹撒谎的时候，他的鼻子就迅速地长出来了，我老公马上对女儿说："看见了吗？撒谎是要长出一个长鼻子的！"女儿听到爸爸的话说："爸爸，不是的，撒谎是不能赢得别人的信任的。"爸爸很窘迫。刚看一会儿，爸爸又说："你看到了吗？他是一个坏人。"又招来女儿的反驳："爸爸，不是这样的……"我狠狠地用眼睛瞪了我老公一眼。就是这样，爸爸和孩子待在一起的时候，就没完没了地教育孩子。

我们大部分的父母不是法官，就是教育者，或是审判者，他不会扮演父亲或母亲的角色。

当出现问题的时候，让孩子为自己说话。

有一个妈妈特别爱听交响乐、爱看芭蕾，总是给孩子也买上票。妈妈会哄着孩子，想让他一起去。有一次，妈妈给孩子买了一张《图兰朵》的歌剧票，孩子拒绝一同去。他说："我想让你知道，让你浪费这个钱。因为我的话你听不见，你必须学会尊重我。"

孩子的话震撼了妈妈，看着孩子果断转身就走的背影，我们成人除了反省，还能做什么呢？

5. 寻找机会，选择和尊重孩子的意见

在蒙特梭利的课堂中，儿童可以拒绝老师的提议。

一位男老师对一个小男孩建议："我们来一起用这个教具工作吧！"

孩子说："我不想。我现在不想。"

这位老师说："好吧。"

这就是尊重孩子的选择和尊重孩子的意见。

有一位妈妈遇到什么问题，经常会问她的孩子，让孩子帮她出主意。孩子对妈妈说："我出的主意被采纳之后的，你要支付报酬。"于是，妈妈经常会付他报酬。随着年龄的增长，报酬也从5元增长到50元不等。

有一次，孩子不想上学，想请半天假。大人都不想孩子旷课。妈妈问他为什么，他说："我情绪不好。"

妈妈就和他谈："情绪不好你就不想上学，那可不能成为理由吧？"

他就哭了，说："我记得有一次你情绪不好，你在家里休息了3天！我不明白为什么你可以用3天来调整你的情绪，而我用半天就不可以。"

妈妈哑口无言，突然觉得，这话说得有理。妈妈说："那好吧，你就给你自己放个假。"

在听孩子说的过程中，父母不仅可以了解孩子的状态，而且可以打开孩子的世界，让你窥见孩子的内心在想什么，从而尊重孩子的想法。

可以让孩子参与一些家庭的活动。比如，一家人可以一起商量周末去哪里玩。孩子说“我们要去公园”，爸爸说“我们要去海边”，妈妈说“我们要到……”然后，如果父母觉得孩子提出的建议不错，就采纳孩子的建议。这样就给他一次机会和体验，让他知道他的观点是重要的。

6. 和孩子共享在一起的时光

我这样问一些妈妈：“当你爱上一个人的时候，你最大的愿望是什么？”

她说：“跟他在一起。”

我说：“你的孩子，也是这个愿望。你爱他，请和他在一起。”

爱不是一个概念。爱不是一个想法。爱，是真实的你跟他在一起，不是你的想法和他在一起，是你想跟他处在一起并且不想分开，这就是爱。

· 一起和孩子喝最喜欢的饮料，讨论一本书的内容；

· 一起和孩子躺在草地上看星星；

· 一起和孩子观察一件好玩的事情；

· 一起和孩子做饭；

· 一起晒太阳；

· 一起观察小动物；

· 一起骑自行车；

· 一起走路；

……

这都是和孩子共度的欢快时光。

7. 让孩子负责一些事情，可以确定自我价值感和自我肯定感

在幼儿园里，孩子们常常会一起到公园、小学或者到某个超市去参观。这时候，我们就让一个大孩子拉着一个小孩子，并告诉大孩子，你要照顾这个小孩子，为这个小孩子负责。

你马上就会发现，每一个大孩子都特别认真地关注着那个小小孩。许多大孩子不仅能肩负起你给予照顾孩子的责任，同时充满自信地感觉自己比老师的某种能力都要强。

比如，当一个新孩子入园哭闹的时候，就有大孩子非常确定地对老师说："老师，你把他交给我，我来哄他。"

果真，老师把这个小小孩交到这个大小孩手里，一会儿的时间，这个小小孩就安静了下来，并且愉快地和这个大小孩一起玩了起来。

这种责任感会一下子让孩子感觉到自己是有能力的，自己是有价值的，并且能够让他产生一种自我肯定感。

需求三　儿童需要被接纳

接纳孩子天生的样子

接纳是指在心理、情感或精神层面上，接受并认可自己或他人的存在、特点、经历或观点。这包括对自己及他人的优点和缺点、相似和不同之处的接受。

接纳并不意味着赞同或同意，而是一种宽容和理解的态度。

接纳是成长和自信的最佳土壤。接纳的意思是接纳孩子本人和他的感受、个性、特点、想法，情感、需求、能力，并且尊重和关注孩子。不被接纳的仅仅是孩子错误的行为。完全的接纳才会使爱变得恒定。

我们始终要记住一个真相：那就是孩子是独一无二的个体。这个个体有着自己的想法、感受和能力。我们能够做的就是倾听孩子的想法和情感，试图从他的角度来理解他的感受和想法，这样我们才能够达到完全的接纳。同时，我们也要接纳孩子会犯错误，接纳孩子会对我们说“不”，接纳孩子的选择跟我们的选择完全不同，接纳孩子有一天完全地脱离我们，走向自己的独立。

当你跟上千个孩子接触之后，而且他们可以在自由中各自发展，你就会发现生命是多元的。每个孩子真的是不同的。

在幼儿园里，你可以发现各种各样的孩子：有的孩子对机械非常感兴趣，每天都抱着个电风扇上幼儿园；有的孩子对手套特别感兴趣，到处收集各种不同的手套；有的孩子对汽车特别感兴趣，认识不同品牌的汽车；有的孩子对电灯泡特别感兴趣，能识别任何厂家生产的电灯泡；有的孩子对人的兴趣特别大，而有的孩子对人没有兴趣；有的孩子对数学特别有兴趣；有的孩子对绘画特别有兴趣，从早到晚画画，一画就几个月；有的孩子对音乐特别有兴趣，一首小提琴曲他可以听几十遍……这些兴趣是显而易见的，但是当你深入孩子的内在，你会发现他们更是格外不同，感觉不同、角度不同、认知不同、思维不同……这个现象会激起你对生命的兴趣。

有一次，我从北京的一所幼儿园参观完之后，坐飞机到海南去讲课。第二天又参观了海南的一所幼儿园，我看到了贴在墙上的孩子们的绘画作品。令我惊讶的是，我发现北京的孩子跟海南的孩子画的画几乎是一模一样，就好像是一个老师教出来的。这个事件对我的触动非常之大，这是我第一次深刻地感受到，孩子被浇灌成了一个模板，就像是从一个模板中刻出来的。这种生态具有非常大的危险性。

有一个孩子小时候行动非常慢，他不是个特别机灵的孩子。9 岁时去学习打乒乓球，每次练球回来，他的膝盖和手都很黑。妈妈问他："学得怎么样？"他说他特别喜欢捡球。过了几天，妈妈去看他打球。老师指导说："要一只手拿着乒乓球拍，一只手放在腹部。"然后老师把球打过来，孩子就推拍子，球能碰到就打过去，球碰不到拍子好像跟他也没什么关系。老师对着妈妈无奈地摊开双手示意着：他不理解。别的孩子都能对打了，而这个孩子还处在这个状态。

孩子只是把注意力放在了如何握球拍和身体的层面上。他什么都慢，妈妈就接纳他的慢。现在，他已经是一个行动和思维都很快的成年人了。

孩子和他的表弟非常不同，他表弟拿起皮球的时候，就想看看这个球里边是什么，于是用刀把皮球割破，然后观察皮球里边有什么。他一旦发现皮球有可以滚、弹起的功能，他便开始使用这个功能了。

每个孩子都有天分，接纳孩子本人的感受，保护他的天分，让孩子做自己。做自己是孩子很大的一份福祉。

让孩子做自己，这句话说起来轻松，但真的做起来是非常艰难的。对很多妈妈来说，我们并没有生一个“无须扬鞭自奋蹄”的孩子。包括我是从事教育工作的，但在养育过程中，我一直面临着挑战。孩子的独特性让我学会了，或者让我彻底地知道每个生命都是独一无二的。你无法用惯常的思维去思考他的生命。

孩子做他自己，这就是他的价值所在！

弗洛姆说：“我希望我所爱的，能够按自我的意愿，依其自我的方式生长和发展，而不是服务于我的目的。”这句话的含义是说，我应该让所爱的人按照他自己的意愿去行事，而不是让这个人服务于我的目的。就是说，我要尊重这个个体，而不是让这个个体来服务于我。任何一个人，任何一个社会，任何一个秩序，如果让人沦落到服务于现存的某个东西，那么这个东西都是反人类的。生命应该按照他原有的状态生存，这才符合整体物种的进化。

孩子的生命属于他自己，我们不能让孩子出生以后来替代我们的生命，就像纪伯伦写的：

孩子是明天，

我们是昨天，

孩子像我们手中的箭，射出去以后就飞向了明天，

我们像一个弓，他停留在昨天。

我们可能不知道我们的孩子怎么了，但是我们完全可以让孩子按照他原本的生命状态来发挥。

儿童感到不被接纳的原因

接纳一个人，不以此人优秀与否作为判断的条件，因为这样会破坏人的价值观。

接纳一个人，不以其优秀与否作为唯一的判断条件，是一种基于尊重和尊严的态度。

这种接纳不是将人的价值与其成就或能力挂钩，而是承认每个人都有自己的价值，不论其优秀与否。这个信念，我用了漫长的几十年，才深深地扎根在我的生命中，因为我们周围所有的声音都在告诉你：你不优秀你就什么都不是。这个信念和我长久以来建立的“只要你活着，你就有被尊重、被接纳的权利”的信念是不一致的。

生命才是最珍贵的，没有了生命，你什么都没有了。由此，你是一个生命，这个生命是有尊严的，是要被尊重的。这是一个宇宙的精神法则。它不是一个社会的评判标准。这个信念，让我了悟到平等的意识。平等意识的产生，就在尊重每个个体的独特性中升起。这是一种多么高级的意识状态。

如果只以一个人的优秀与否来评判其价值，那么会给人带来巨大的压力和焦虑，会让人感到只有在达到某种标准或成就时，才能被他人接纳和认可。这种价值观可能会导致人们过度竞争、自我贬低和自我否定，这是一种破坏

个体的心理健康和整体社会的固化的、扭曲的价值观。

另外，将一个人的价值仅仅与其优秀与否挂钩，也会忽略人的多样性和个体差异。每个人都有自己的优点和缺点，每个人都有权利被尊重和被接纳，不论在某个方面是否优秀。

接纳和承认每个人都是独一无二、值得尊重的，是一种非常珍贵的价值观。

优秀是个社会观念，我们无法用社会观念来评判孩子，因为孩子是发展中的。比如，达尔文小学时不好好上学，在树林里玩、抓昆虫、旷课。他爸爸对他说："你给达尔文家族丢尽了脸。"但这位丢尽脸面的达尔文后来成了一个杰出的人。孩子对什么感兴趣，那是他的天分所在。

写到这里，似乎陷入一个误区。也许有人会想："看，你还是想用一位杰出的达尔文，来证明他的成就。"我想说的是，我们的评判标准无法锁定在儿童未来的成就上，儿童未来成为什么人，我们不知道。我们希望他成为一个为人类作出巨大贡献的人。但我们大部分人相对自己而言，已经是最杰出的。对于所有的孩子来说，我们能确定的是：他可以成为一个完整的人。难道这不重要吗？

所以，我们接纳了接纳的价值观后，要避免以下的教育方式：

• 经常批评、拒绝孩子，让孩子觉得不被接纳。

• 经常被比较，会使孩子觉得不被接纳。

• 期望孩子实现自己未能实现的梦想也是不接纳孩子的。孩子的生命是他自己的，按照他自己的生命状态做事、成长。

• 过分地保护和呵护孩子，使孩子感到不被接纳；对孩子过分地期望，也使孩子感到不被接纳。

如果你总是期望孩子成为他不能成为的人，你要清楚你的期望，孩子是否能做到；如果你的期望孩子做不到，对孩子就是一个巨大的压力。

如果让我选择，我宁可选择让孩子成为一个有趣的、鲜活的、完整的、做自己的生命状态中的孩子，也不愿意他成为一个无趣的、成功的、不完整的、无法成为自己的孩子。

如果有一天，你发现人类不过是宇宙中的一粒尘埃，你可能就会从你观念的陷阱中跳出来。让孩子成为他自己，幸福而快乐地活着，这就已经是最高的标准了。那些拥有巨大成就的人，他们所从事的事情，可能就是他们做自己的一种方式吧。

认识孩子的独特性

什么是独特性？独特性是指每个个体拥有与众不同的特点、特质或品质。在人类社会中，每个人都是独一无二的（关于这一点，我们在许多章节中反复地不断提起，这样的重复性是有其意义的），具有自己独特的个性、特点和价值观，这就是人的独特性。独特性包含了一个人的思想、情感、能力、兴趣爱好、价值观等方面的个性特点。这些特点可能受到遗传（天生的）、环境教育和经历（成长获得）等多种因素的影响，使每个人的行为和思想方式上呈现独特性。

认识人的独特性，确实有一些难处。现在有很多人为了探讨人的不同，用性格的特征来分辨人的独特性。但是，这远远不够。人的独特性，不仅体现在外在表现上，更多地呈现在内在的特质上。

我们用花朵来做例子。即使像牡丹花、芍药花、月季花、玫瑰花，它们如此相似，你也能迅速地发现它们独特的地方。因为这种独特性，我们能把它们完全地区分开来。牡丹就是牡丹，芍药就是芍药，这就是独特性的最重要的核心点。

儿童的独特性指的是，儿童所具有的与众不同的个性特点和发展特征。每个儿童都是独特的个体，有着自己独特的兴趣、能力、情感和需要。他们在成长的过程中受到家庭、社会、学校等环境的影响，塑造自己独特的个性和特点。我们应该尊重和理解儿童的独创性，关注他们的个性差异，并且根据他们的特点和需要提供个性化的支持和指导。这样才能帮助他们健康成长和发展。

在幼儿园里，仅仅是一台演出，每个孩子都表现得各不相同。有的压根不愿意上舞台；有的站在舞台上，只站着不动；有的在舞台上东张西望，观察别人；有的在舞台上尽情地发挥，尽情地表演，有的象征性地挥动几下手。这些就是孩子们的特性。这些孩子正是按照这种独特性，在成长中发展着自己。

和很多孩子相处，你不知道孩子身上的哪些特征是天生的，哪些是根据这些天生的特点发展出来的。无论是先天的还是后天发展出来的特征，我们都应该接纳。

我的同事的宝宝，就是那个听莫扎特音乐被感动得哭泣的孩子，她不仅对音乐有着如此的敏感，她对服装也有着天生的敏感度。有一次，她和妈妈走进一家服装店。大部分女孩子会对好看的衣服感兴趣，但她不同，她偏偏对一个布制的模特儿非常感兴趣，一边用手轻轻地触摸，一边感叹着发出“啊啊啊”的声音。我们真的是太忽略小朋友的感受了，这种独特的感受，就是一个小朋友独一无二的特质。

这个热爱莫扎特音乐的小女孩出生的时候，一只眼睛是蓝色的，一只眼睛是黑色的。我第一次见到她的时候，非常震惊，因为这种现象比较罕见。我对她妈妈说：“这是一个多么独特的孩子。一只眼睛是天使的眼睛，一只眼睛是神的眼睛。”

她妈妈吃惊地看着我说：“你真这么认为？”

我确定地说：“是的。”她太独特了，我真的这么认为。

但是她妈妈说，从一出生开始，在长达几年的时间里，她都抱着这个孩子到处看病。所到之处，没有一个人说这个孩子是正常的。每个见到这个孩子的人，都在用异样的眼光看她，用不友善的话（即使看似同情的话语）说这个孩子是有毛病的。几年时间下来，这个孩子在别人眼中变成了异类。人们不接纳她的独特性。

就像丑小鸭的故事一样，我们都是丑小鸭，但是一只天鹅落在了我们中间，于是因为差异性、独特性，我们便不接纳他。

我用了很多时间来查找这个孩子的这种独特性的相关资料，后来找到了很多照片。一些人的状态和这个孩子的状态是相似的。资料显示，这种情况可能是一种罕见的眼睛颜色不对称现象，被称为异色瞳。异色瞳是指一个人的两只眼睛的虹膜颜色不同。通常情况下，这种现象并不影响视力或健康，是由于基因突变或发育过程中的其他因素所导致的。虽然异色瞳相对罕见，但在某些人群中也是可见的，它可能会给个体带来独特的外观特征。

用这种显著的外观特征的独特性来感受一个人的独特，就显得容易很多。

我们永远都无法知道，孩子会顺着怎样的发展方向发展他的情感、审美、能力和思维，只要你给他自由，每个孩子都会呈现独一无二的特性。这正是大自然赋予人类的一种天赋。

那些患有孤独症的孩子，或者有其他问题的孩子，人们更是难以接纳。因为他们太独特了，与普通人差异性太大。人们会使出所有的力量，想把他们扳回到社会认可的轨道上。

我常在想，如果从社会角度来思考，工业革命的时代将要过去，我们不再需要一模一样的人来适应我们的社会。未来我们更需要多元化的人才。独特性和差异性就是多元化。生态的多元化，才是一个生态正常健康的状态。所以，不要扼杀孩子们的天性。

此刻，请你暂停一下，请你想一想，列出你的孩子、你自己、你的爱人的独特性。

接纳孩子的朋友

接纳孩子的朋友，孩子会觉得这是在接纳他自己，拒绝孩子的朋友会让孩子感受到你是在拒绝他自己。

每个孩子都需要交朋友，这是人际关系互动的一个开始。接纳孩子的朋友，实际上是在支持和帮助孩子交朋友。交朋友可以帮助孩子获得以下好处。

1. 社交技能的培养

交朋友可以帮助小朋友学会与他人相处、沟通和合作，从而培养他们的社交技能和人际关系能力。

2. 情感支持和情感发展

与朋友建立亲密的关系，可以提供情感支持和情感满足，帮助小朋友感受到被理解、被接纳和被关爱，促进他们的情感发展和心理健康。

3. 自我认同和身份建构

通过与朋友相处和交流，小朋友可以了解自己的兴趣、喜好和价值观，从而建立自己的自我认同和身份。

4. 知识和技能的共享

与朋友一起玩耍和交流可以促进知识和技能的共享和学习，帮助小朋友扩展自己的视野和认识世界的能力。

5. 乐趣和娱乐

交朋友不仅可以满足人的社交需求，还可以带来乐趣和娱乐，丰富小朋友的生活，让他们感受到快乐和幸福。

与孩子保持一种坦白真诚的关系

告诉孩子，你面对事情的真实想法，要比你对孩子发脾气好很多。

一致性沟通，就是把自己内在的状态告诉孩子。比如，你生气了，此刻你因为情绪不好，不愿意照顾他，你现在想做自己的事情；工作艰难时，你感到无力和孤独等。

坦诚和真诚地沟通，会促进孩子与你之间的信任和理解，他们会更愿意与你分享他们的想法、感受和困惑。这也有助于你更好地了解他们，并为他们提供更加贴心的支持和指导。此外，这种坦诚和真诚的关系，也会增进父母跟孩子之间的亲密度和情感联结，让你们的关系更加牢固和健康。

同时，真诚的表达不仅可以让孩子看见一个真实的妈妈，也可以让孩子在这个过程中对照自己的情绪，看到其他的人。

有一次，我被工作所困，倍感孤独。我带孩子出去吃饭，孩子问我："妈妈，你怎么了？"

我说："妈妈只是感到孤独。"

孩子说："妈妈，做人都是孤独的。"

瞬间，我的孤独感就消失了。那一刻，我感受到的不是我自己，而是我在想：一个 5 岁的孩子怎么会有这样的感觉呢？这样的对话，让我们走进了彼此的内心。

学会聆听孩子的内心感受

聆听是一种专注和体贴的态度，通过注意和理解孩子的言辞、情感和意图来表达尊重和关怀。这不仅是简单地听到声音，而是真正理解和感受孩子所说的话，同时给予适当的回应和反馈。聆听需要关注细节，并表现出真诚的兴趣和关心。

孩子最惧怕什么?

· 父母拿自己的孩子和别人比较。

· 谈自己过去历史的优秀，说孩子的幸福与不足。

· 张口就是说教。

· 提前把真理教给孩子。这是有知识人的通病，尤其是知识分子和成功人士，甚至认为这样对孩子有帮助，实际这个过程对孩子是损害的。

· 唯一的标准就是学习。

以上这些都是比较严峻的问题。这样我们就变成了残缺的人。一个人跟自己的情绪、感觉、心理、认知、精神联结，这个人就是个立体的人。

需求四 儿童需要安全感

在心理学中有一个说法，婴儿出生来到这个世界上，起初是一个纯粹（裸露）心灵的状态，没有“皮肤”，全方位地敞开，所以他需要心灵的皮肤。这个心灵皮肤就是他的爸爸妈妈。在爸爸妈妈的不断保护下，伴随儿童自我的逐步建构，儿童自己逐步形成心灵的皮肤。如果儿童在成长中得不到心灵的保护，就没有安全感。他的灵性就会被伤害得千疮百孔。

什么是安全感呢？安全感是一种内心的感觉，能让人感受到在身体上、情感上、心理上都是安全的和受保护的，从而在情感上感到稳定、放松。这种感觉让人相信在他人的陪伴和支持下，可以面对生活中的挑战和困难。安全感来自父母建立的亲密关系、稳定的环境，以及对自己的自信和能力的认知。

安全感对于一个人的整体福祉、情感稳定、个人保障、个人成长至关重要。

福 祉

在这本书中，我们多次使用“福祉”这个概念。在安全感这一篇章中，我个人认为有必要解释一下什么是福祉，以便父母或者读者对安全感的重视达到一个新的认识水平。

福祉是一个涵盖广泛的概念，指的是个体或群体的整体健康、幸福和生活质量。它不仅关注物质条件的满足，还包括身体健康、心理状态、情感满足、社会关系、教育和文化活动的参与度等方面。福祉的实现，意味着个体能够满足自身的基本需求，可以享受有质量的生活，并拥有实现个人潜能的机会。福祉的关键组成部分如下。

物质福祉：是指有一定的经济资源来满足基本的生活需求，如食物、住所、衣物和健康保障。

身体健康：包括良好的身体状况、获得必要的医疗保健服务，以及健康的生活习惯。

心理福祉：涉及个体的心理状态和情感满足，如自尊、自信、幸福感和较低的压力水平。

社会福祉：强调社会联系和人际关系的重要性，包括家庭、朋友和社区的支持网络。

教育和发展：关注教育机会、个人成长和发展，以及实现自我潜能的可能性。

环境福祉：是指生活在一个健康、安全且可持续的环境中。

福祉的概念强调整体性和多维度，认识到满足物质需求之外，心理健康、社会归属和个人成长同样重要，使人们能够过上有尊严、有意义且满足的生活。

我们解释福祉的意义，是希望每个读者能够知道，安全感对一个人的重要性。

安全感

对一个人来说，除了基本的物质需求外，安全感就是他最低的一道防线。一旦一个人的安全感丧失，他就会掉入求生存的状态。安全感涉及以下几个关键方面。

物理安全感：是指个体生活在一个没有威胁的环境中，感到自己的身体和财产不会遭受伤害或损失。这包括居住在一个安全的社区和拥有稳定的生活条件。

情感安全感：是指在人际关系中感到被爱、被接纳和被支持。它要求关系中存在信任、尊重和开放的沟通。当人们相信他们的感受被理解和尊重时，他们会感到情感上的安全。

心理安全感：是指个体对自己的认同、能力和价值感到自信。这种安全感鼓励个体探索、学习和表达自我，不害怕失败或被评判。

经济安全感：涉及个体对其经济状况和未来的信心。这包括有稳定的收入来源、足够的储蓄和对未来经济状况的乐观预期。

认同安全感：涉及个体对自己身份、价值观和生活目标的明确和自信。当个体在这些方面感到确定和被认可时，他们更能有效地应对人际关系和社会环境，表现出更高的自尊和目标达成能力。

最初的安全感由妈妈给予

儿童要有安全感，而最初的安全感是妈妈给予他的。

一天，今今成了最后一个下校车的孩子。在送走其他孩子后，我与他展开了一段对话。

“宝贝，今天是妈妈来接你，还是婆婆？”我温柔地问。

“大概是婆婆。”他小声回答，且嘴角微噘，“我更希望妈妈来接我。”

听到这里，我的心里不由得感叹，对孩子们而言，妈妈的位置是无可替代的。“我想，妈妈如果能够的话，也一定会来接你。”我轻拍他的肩膀，试图安慰他。

他没有再说话，只是静静地望向窗外。

过了一会儿，今今突然说：“我不喜欢星期二。”

“为什么呢？能告诉我你不喜欢星期二的原因吗？”我好奇地询问。

他的目光仍旧停留在窗外，淡淡地回答：“因为妈妈星期二要去做瑜伽。”

“是因为妈妈做瑜伽回家比较晚吗？”

“对，她要到十点半才回来。”他的声音里满是无奈和轻微的抱怨，“她回来的时候，我已经睡着了。”

“所以，你不喜欢星期二是因为那天你见不到妈妈，对吗？”

“对！”他用力地点头，表情坚定。

“那爸爸呢？”我继续问道。

“我爸爸有时候回家连澡都不洗就睡了。”

通过我们的交流，我逐渐了解到今今家庭的情况。他的父母显然都非常忙碌，几乎每天都抽不出太多时间来陪伴他。每天早晨，匆忙的妈妈将他送上校车，下午则是直接送往婆婆家，由婆婆负责接送。一整天下来，今今能与父母共度的时光少之又少。因此，他非常渴望妈妈能亲自来接他放学。

在幼儿园，我们经常可以见到孩子们兴奋地分享：“今天是我爸爸来接我！”“老师，我今天不坐校车了，我妈妈会来接我！”“妈妈和我约定好了，她下午来接我……”

这些看似简单的接送小事，却能让孩子们露出满脸的幸福喜悦。这足以见得，父母在孩子心目中的地位是多么的重要，是无人能够替代的。愿父母都能抽出更多时间来陪伴孩子，这份爱与陪伴是孩子安全感的来源，会成为他们成长路上最温暖的力量。

安全感就是让孩子不受威胁

安全感的建立是一个复杂的过程，涉及一个人的成长环境、经历和人际关系。父母和照顾者通过提供稳定的环境、表达无条件的爱、建立信任和鼓励自主性，对孩子安全感的形成起着至关重要的作用。成年后，个人通过健康的人际关系、个人成就和有效的应对策略来进一步加强和维护这种感觉。

安全感就是让孩子不受威胁。什么是威胁呢？我举一个例子。

我们社区里有一个小孩，妈妈要把他送到幼儿园。一路上孩子都在说："妈妈，求求你！妈妈，求求你！"终于走到社区门口了，校车到了，妈妈说："你再哭，再哭，我连这里也不送你了。"

显然这个孩子对将要去的地方是感到紧张和恐惧的。从妈妈和孩子的对话中，你可以感受孩子和妈妈的关系。孩子的情感安全感和心理安全感出现了震动和失衡，他得不到妈妈的理解和回应，对妈妈没有指望，觉得妈妈是不可靠的，他只有依靠自己长大。安全感的丧失，对他一生都会有影响。

我见过的最严重的场景，是我到一家全托幼儿园参观，一个孩子抱着妈妈的腿，跪着说："妈妈，求求你，不要让我去幼儿园。"他妈妈很不耐烦地不断甩自己的腿……直到妈妈愤怒无比地甩开孩子离去。那个幼儿园给了我极不舒服的感觉，幼儿园装修华丽，但是走廊里弥漫着凄凉感。一个孩子哇哇地哭，一见到我马上就把哭吞咽了回去。因为他知道我是一个参观者，如果他哭的话，会影响我的看法。从幼儿园里面出来，我陷入一种深深的痛苦和绝望中。

我想起英国作家奥斯卡·王尔德的童话故事《巨人的花园》，脑海里立刻映现花园的情景：孩子们从围墙的一个洞里钻进了花园。于是，春天和孩子们一起进入花园，树枝变绿了，花儿盛开了，鸟儿开始唱歌。在春光融融的花园里，传来孩子们的笑声……巨人走到一棵树下，温柔地抱起一个小男孩，将他抱上树。瞬间，满树白花，极其炫目。纯真的孩子亲吻了自私的巨人，巨人如冬天般寒冷刺骨的心灵被感化了。

这种像寒冬一样的幼儿园，为什么所有的人都没有感觉呢？我猜想，因为这些人也被冬眠了。

我并不想用这样的故事，过分地去渲染儿童境遇的残酷。这样的局面并不是偶然产生的，目前还是一种普遍存在的状态。父母要生存，要去上班，幼儿园要管住几十个孩子，大家都会说，这多么的不容易。但是这种冰冷夺去了儿童该有的安全感。对他未来的人生添加了不该有的筹码。而这样的改变，只能依靠父母来完成，这是最重要的希望。对于 6 岁以前的孩子来说，快乐的生活、有安全感的生活是最重要的保障。任何一个地方都不能因为要学什么、要管理，而剥夺孩子的笑声和快乐，这就是底线。

儿童进入一个陌生的环境中，是有恐惧感的。虽然我们要求家长在孩子入园前，要入园陪伴一周，来免除这种陌生感。即使这样进到幼儿园，也有一位专门的老师，带他一周，抱他一周，并且不断地对孩子说：“妈妈爱你，老师也爱你。”“你吃完饭，玩一玩，睡一觉，再吃点好吃的，再玩一玩，妈妈就来接你了。”

在有些安全的社区里，我们同样鼓励老师把孩子抱到社区里走一走。老师走累了，便对孩子说：“我们回去喝点儿水，吃点儿东西，再出来走好不好？”这样让孩子感觉到，他不是被那个地方关着的，他可以走出来，以便增加他对幼儿园的安全感。这个过程虽然有些熬人，因为老师非常辛苦，但是安全感建立的速度非常之快，我们值得这样去做。因为这样的做法会为孩子的一生打下基础。

我常常跟家长说，送孩子到幼儿园的时候，要安静下来，对孩子不断地表达爱，要告诉孩子：“妈妈去上班，你上幼儿园。妈妈下班就来接你。”“妈妈，把爱留下来。”然后亲吻孩子，拥抱孩子，把爱留在孩子的心里，把爱放在孩子的包包里，把爱放在孩子的口袋里，用手触摸孩子，把爱放进孩子的全身。不断地用这种方式让孩子知道，妈妈是爱他的。同时，也可以跟孩子说：“妈妈认识老师，老师会照顾你、保护你，所以你很安全。”通过这些语言和行为举止，妈妈要不断地把爱传递给孩子。让孩子从妈妈那里获得安全感，也让孩子逐渐对生活的环境建立安全感。

上幼儿园对儿童来说，是个巨大的事件，所以它会严重涉及安全感的问题。真正的安全感是建立在平时的生活中，建立在跟妈妈平时的相处、生活中。他有长期的被爱体验，不会感到害怕，没有受到威胁。在平时的生活中已经建立起了安全感的孩子，会对妈妈产生信任，所以再到幼儿园去生活的时候，就会容易很多。但是如果儿童在日常生活中的安全感建立得不好的话，比如说自从孩子生下来，妈妈就让别人带，或者将他送出去，这会让孩子产生巨大的恐惧。这样的孩子上了幼儿园，他的恐惧感会加大。建立了安全感的孩子在上幼儿园的时候，就相对变得更容易信任妈妈、信任老师。

安全感影响人的情绪调节、抗压力、与人互动的能力。缺乏安全感可能导致焦虑、恐惧、依赖性行为和人际关系问题。因此，建立和维持安全感是实现个人幸福和心理健康的重要组成部分。

造成孩子缺乏安全感的原因

下面我们将孩子缺乏安全感的原因一一列出来，使家长能够警觉起来，尽可能地避免这些问题给孩子造成安全感上的障碍。

1. 父母的冲突

只要父母之间有冲突，这个孩子就没有安全感。所以，一般总是吵架的父母，孩子都缺乏安全感，冲突是不可避免的。

父母在爱中面对冲突，就能帮助孩子面对冲突、面对人生。比如有的场合出现冲突的时候，有的人会讨好、打岔，试图缓和这样的冲突。这样的人往往是在童年时见过爸爸和妈妈吵架，所以成人后害怕遇到吵架的情景。成人面对情景的反应，一定是小时候曾经经历的一个情景。

2. 经常搬迁

经常带着孩子搬迁，也容易给孩子带来不安全感。如果你必须搬迁，那么就将新搬迁入住的房子尽可能保留原有家庭的模式，比如家里的床单、窗帘、台灯、被褥、饰品都尽可能是原有的模样。另外，新搬迁到一个地方后，要抽出一周时间和孩子一起在新环境里玩耍，给孩子一个过渡期。

3. 缺乏适当的规则

规则是界限，比如别人的东西不能拿。这个规则即意味着你的东西我不可以拿，也意味着我的东西你不可以拿。在幼儿园，我们常看到，孩子在使用规则的时候，特别有力量。规则让孩子变得有力量、坚定，没有规则，孩子会茫然无措。没有界限，孩子就无法使用界限的力量。观察大量的孩子会发现，凡是没有规则的孩子，缺乏力量感。力量是在一定范围内才能够产生作用的。没有规则意味着暴力。规则给孩子带来了安全感。

4. 父母经常不在家

父母中的一个不在家，就会给孩子带来不安全感，因为这意味着爸爸或妈妈没有跟自己的孩子产生联结，没有形成情感上的依赖。

5. 没有安全感的父母

有一天，一个妈妈跟我说："我的孩子没有安全感，该怎么办？"

我就问她："你有安全感吗？"

"我老公工作特别忙，没有时间管我，我也会觉得没有安全感。"她自己的内在是一个小孩的状态。

没有安全感的父母，孩子也没有安全感。所以说，真正对孩子的教育就在于你自己的成长。

6. 不断地批评

很多成人的语言习惯就是抱怨、指责。面对孩子，容易张口就是挑剔、批评、抱怨。这应该是一种心理模式和语言习惯。所以，父母要改变这种习惯和模式，不要让孩子总是陷入被批评的氛围中。

7. 重事过于重人

这是指将对事情的关注和重视放在了比对人的关注和重视更重要的位置上。

父母在跟孩子相处的过程中，重事过于重人的做法会导致父母更关注孩子的表现、成绩和功利，而忽视孩子的情感需求和个性，给孩子带来压力、焦虑。因为他们感受不到被理解和支持，而只被看作实现父母期望的工具。此外，过度强调成绩和功利，可能会影响孩子的自我认知和自尊心，使他们缺乏内在的动机和兴趣。因此父母重视事情超过重视人的话，会影响孩子的健康发展和幸福感。

帮助孩子建立安全感的环境

儿童需要安全感，怎样的环境能够帮助孩子建立安全感呢?

- 父母之间的安全感，彼此相爱。
- 父母对孩子有丰满且持续的爱。无论孩子是什么样的，父母都能完全接纳。孩子能获悉自己是被爱的。
- 家庭的契合。
- 有规律的日常生活。儿童在重复的日常生活中发现秘密。
- 适时和适当的精神生活和规则（本书中有一章专门介绍了“与孩子共度精神生活”）。
- 归属感。共同分享，关心同样的事情。

在这里我要重点说一下归属感。

归属感是指一个人对于某个群体、社区或者环境的情感联结和认同感。当一个人有了归属感，他们会感到自己被接受、理解和重视，会与他人建立起紧密的情感关系。归属感通常会带来安全感和满足感，并在归属的群体里获得支持和认可。

对于孩子来说，归属感是指他们感受到自己被家庭、学校或其他社交圈子接受和欢迎的程度。归属感包括他们在家庭中的地位和角色，以及在同龄人或朋友圈中的地位和关系。

具有良好的归属感，可以让孩子感到安全和支持，有助于他们建立自信心、情感稳定和社会技能。相反，缺乏归属感，可能会导致孩子感到孤独、焦虑和挫败感，影响他们的心理健康和社交发展。

孩子对归属感的需求特别强大，他们会表现在各个方面。例如，“这是我的妈妈，不是你的。”“这是我们班，不许你进来。”“这是我的老师，不是你的老师。”……

可以说，整个人类社会都需要归属感，比如社团、俱乐部等，就是归属感需要的表现。人必须归属一个团队，拥有同一种精神，这样人就有了安全感。

和孩子共同面对问题

常常有人这样说：在教育孩子的问题上，夫妻双方要站在同一个立场上，来面对孩子的问题。这个说法让我感到不安，我担心这个说法会演变成另外一个局面：就是把孩子放到了我们的对立面。我要说的是，我们永远要和孩子站在同一个立场上，去一起面对问题。

和孩子站在同一个立场上，共同面对问题有几个好处。

首先，这种做法可以增进家长和孩子之间的理解和信任。通过共同面对问题，家长可以更好地了解孩子的想法、感受和需求，而孩子也会感受到被尊重和支持，有助于建立良好的家庭关系。

其次，这种做法可以促进孩子的自主性和解决问题的能力。当孩子感受到家长与他站在同一阵线上时，他会更愿意参与问题的解决过程，从中学习解决问题的方法和技巧，培养自信心和自主性。此外，和孩子站在同一个立场上共同面对问题，也有助于教育孩子积极面对挑战与困难的态度。

最后，把问题放在人的外面，孩子永远会觉得你跟他是一致的，你是支持他的。这样才是高度地关注孩子的成长，这样孩子才永远不会觉得被排除在外面。

一个孩子5岁的时候，妈妈曾经遇到过这样一件事情：

爸爸说孩子的时候，妈妈就说："爸爸说得对。事情就应该是这样……"

那天下午，孩子画了一张图，图上画着一个小朋友，提着箱子，从楼梯上下来，然后到远方外婆的家（大概意思是一个孩子离家出走了）。妈妈打开箱子看到里面放着"金钱"和一把"手枪"。

妈妈问："你要去哪里？"

孩子说："这个家没有我生存的空间，我要离家出走。"

妈妈就说："这样吧，你真的要走，妈妈给你做饭，送行。"

孩子一听，大哭……

从此以后，这个妈妈永远记住了这个教训，把孩子完全推到了对立面，一个孩子面对两个大人，力量悬殊太大。但是，父母很容易忽略这种一眼就能看见的状态。这就是孩子的感受，我们要尊重孩子的感受。

需求五　儿童需要被欣赏

为什么儿童需要被欣赏

欣赏是指对某人或某物的价值、美感或品质感到赞赏和喜爱的态度或行为。这种情感源自对其独特的特征、成就或美学价值的认可、尊重、赞美或喜爱。

欣赏是一种积极的情感体验，可以激发人们的情感共鸣、情感联系和亲近感。

我们有双重的需要，我们需要被人欣赏和懂得欣赏别人。这也是人类最基本的要求，所以欣赏别人要真心诚意地欣赏。

欣赏儿童的原则

什么是对儿童的欣赏呢?

对儿童的欣赏是指对他们独有的特质、个性和成长过程的认可和赞赏。这包括对他们的好奇心、创造力、天赋和努力的尊重和赞美，以及对他们所取得的成就、进步和努力的肯定和鼓励。

1. 欣赏孩子是欣赏他所做的事情而不是欣赏品格

对儿童来说，品格发展通常需要时间和经验的积累，并且在成长过程中可能会有许多变化和发展。因此，更直接、更实际的做法是欣赏儿童在日常生活中所做的积极的、有益的事情，以鼓励他们继续努力、发展和成长。

2. 欣赏孩子能负责任的事，不要欣赏不能改变的事

期望孩子成为什么样子，就假装欣赏孩子的一些地方，用隐性的权威方式把孩子引向自己期望的方向，这样我们就会把孩子引向歧途。父母的欣赏要评估孩子所做的事情是不是他自己能负得起责任的，而且这件事情是否可以通过他的努力达到目标。

3. 孩子需要从他觉得对他重要的人那里获得欣赏

4. 欣赏孩子主动去做的事情

5. 欣赏要发自衷心

6. 当面欣赏的效果是最佳的

7. 欣赏的语言和态度是对方感受的关键

欣赏的模式是，告诉孩子准确的细节，也就是说，你要欣赏细节的东西。比如：

孩子在家里帮助做饭，妈妈可以这样表达欣赏："宝贝，我真的很欣赏你今天在厨房里帮忙。你主动帮助妈妈，还认真地洗切蔬菜、翻炒菜肴，我已经感觉到了，你的参与和帮忙会让我们今晚的晚餐更加美味。而且，你在洗菜的过程中，非常耐心和细心，让妈妈看到了你的责任感和成熟度。我为你感到骄傲！谢谢你，宝贝。"

在这个例子中，家长特别欣赏孩子在家庭生活中所作出的具体贡献，如

帮助做饭，并且指出了孩子所展现的特质，如主动性、责任感和细心。这种具体的、细致的欣赏可以让孩子感受到被家人认可和赞赏，同时也可以起到鼓励他继续参与家庭生活并培养积极品质的作用。

欣赏孩子，意味着将美好的品质长久地固定在这个孩子的身上。所以我们学校就把欣赏学生作为每个班级常规性的工作，每个月每个孩子都会得到一张奖状。这张奖状记录的就是学生被欣赏的内容。

对儿童的欣赏不仅可以促进他们的自尊心和自信心的发展，还可以建立积极的家庭关系、师生关系，支持他们的全面成长。

需求六　儿童需要规则

规则是什么？

《牛津词典》给规则的定义是：大家共同遵守的具体规定，是保护全体人权利和自由的共同约定。

共同的含义就是：你遵守，我也遵守；孩子遵守，家长也遵守；老师遵守，学生也遵守；领导遵守，员工也遵守，所有人都必须遵守。

儿童的 7 个规则

规则 1　粗野、粗俗的行为不可以做

任何侵犯个人“自我感”（包括伤害自己）的事物都是暴力，范围包括行为领域和心理领域。

规则 2　别人的东西不可以拿

别人的东西不可以拿，自己的东西归自己所有，并有权力自由支配。（不是自己的，就都是别人的。）

规则 3　请归位

从哪里拿的东西，使用完毕后，请归位到哪里。

规则 4　请等待

公共物品谁先拿到谁先使用，后来者请等待。

规则 5　不可以打扰别人

紧急情况下，一定要介入时，请学会说："对不起，打搅一下，可以吗？"

规则 6　请学会道歉

有勇气向别人道歉，并且有权利要求他人道歉。

学会知道每个人都拥有保护自己的权利。

规则 7　请学会说"不"

请学会对他人说"不"（懂得拒绝）。

也请学会尊重和接纳他人说"不"（尊重他人的拒绝）。

"建立规则的目的不是为了如何限制孩子，我们只是限制了暴力，但是限制暴力的模式，不是就此卡住，而是打开了无数扇通往自主、独立、接纳、尊重、包容、合作、界限的大门。这样就会疏导内在的、猛烈的（暴力）能量和情绪，并将其转换和延伸到一个积极的、有爱的、支持的途径中，这才是规则的意义所在。"

家庭的三大规则

以下的规则是家庭规则，罗列出来让大家了解对 6 岁以前孩子来说家庭应该执行什么规则比较合适。其后我们再详细地解释规则的内容和执行的要领。

家庭的三大规则：

- 尊重自己。
- 尊重他人。

- 尊重环境。

如果家长在“尊重”这个问题上有疑惑，我们可以换一个角度，可以把这 3 个规则改成：

- 不伤害健康。
- 不伤害生命。
- 不伤害道德。

不伤害健康：吃一堆冰激凌，过了晚上 11 点不睡觉，看一天的电视……这就是伤害生命。

不伤害生命：用自己的身体，在没有安全保护意识之下去探索超越自己能力的事情，就是对生命的一种伤害。

不伤害道德：所谓道德，它指的就是公共规则。所有的不道德都是对别人、对环境的侵害。随手丢垃圾，破坏公共物品，在公共场合大呼小叫，释放不当的情绪，随地大小便，拿别人的东西，偷别人的东西，偷看别人的手机，看孩子的日记和信件……这些就是不道德。

界限和侵犯

界限就在你的、我的和大家的区分上。这个区分不仅是在物质上：你的东西和我的东西有严格的区分，同时还在心理上。比如：

你尿床了，我没有权利嘲笑你，我嘲笑了你，就是侵犯了你；

我想要你的东西，如果得不到，我就威胁你，不和你交朋友了，这就是侵犯；

你认为孙悟空是真的，我认为是假的，我强迫你同意我的看法，这就是侵犯；

你爸爸是警察，你要让你爸爸把我奶奶给抓了，这就是心理上的侵犯；

你让其他的小朋友不和我玩儿，孤立我，这就是侵犯；

……

这些都是控制和侵犯。这些都是混淆了界限，破坏了界限，侵犯到了别人的私有空间。

我们说不为儿童设立规则，就是暴力。为儿童建立规则，就是让儿童拥有了边界的力量，就是在保护儿童的自由。规则把所有的暴力都挡在了外面。

与自我相处的规则

我们知道，无论是家庭也好，还是一个群体（比如幼儿园）也好，或是一个个人也好，如果没有规则，就没有秩序。没有秩序就会产生混乱，最后就会腐烂、崩溃。所以，我们做的所有的工作都是为了秩序化，环境的秩序化、关系的秩序化和内在的秩序化。

内在的秩序化，就是一个人的智慧，或者称为智力。当我们谈到和自我建立规则的时候，实际讲的就是自我的规则。建立自我规则的目的就是为了促进个体的成长和强大。

与自我建立规则，除了你，没有任何一个人。你和你自己的关系，这仅仅意味着你对你自己有一个承诺——自我的承诺。这个承诺会成为你成长的方向，一直陪伴着你。

与自我相处，是一个涉及自我认识、自我接纳、自我爱护和自我成长的过程。良好的自我相处不仅可以促进你个人的身心健康，增强内在的幸福感，还提高了你应对生活挑战的能力。

以下是一些与自我相处的基本规则。

1. 自我接纳

接受自己的不完美：认识到每个人都有优点和缺点，接受自己的局限和瑕疵，而不是自我批评或否定。

庆祝自己的独特性：欣赏自己的特质和成就，认识到自己的价值不依赖于他人的评价。

有个人这么建议：你每天早晨起来第一件事是照镜子。看着镜子里可爱的你，你就给自己一个暗示、一个愉快的暗示。然后对自己说一句让你自己感到愉悦的话语。比如："我是完整的，我是完美的，我是强有力的，我是和谐的，我是健康的，我是富足的，我是幸福和快乐的，我是深深地被爱着的。"然后，开始你一天的生活。

2. 自我关爱

照顾自己的身体和心灵：保持健康的生活习惯，包括适量的运动、健康的饮食、充足的休息和情感表达。

给予自己温柔和宽容：在遇到困难或失败时，对自己展现同样的同情和理解，就像对待一个好朋友一样。

3. 自我成长

不断学习和探索：保持好奇心，对自己和周围世界保持开放的态度，寻求成长和发展的机会。

设定并追求个人目标：为自己设定现实且有意义的目标，并致力于实现它们。这有助于增强自我效能感和成就感。

心灵成长是一个持续和复杂的过程，但制定一些规则有助于你更好地理解自己，提升情感智商，并与他人更和谐地相处。以下是有关心灵成长的规则。

自我反思：每天花几分钟时间反思自己的行为和感受，目标是了解自己并作出改进。

正面思维：在面对困难和挑战时，尽量从一个更积极、更有益的角度去看待问题。

感恩实践：每天找出三件值得感激的事情，并把它们写下来。

学习与成长：把每一次失败看作成长和学习的机会，而不是衡量自我价值的标准。

情绪管理：当情绪高涨时，学会暂停并深呼吸，不要在情绪化的状态下做决定。

清晰沟通：与他人交往时，明确并直接地表达你的需要和愿望。

界限设定：学会说“不”，并为自己设定健康的界限。

同情与共情：尽量站在他人的角度去看待问题，用一个更同情和共情的心态与他人交流。

持续学习：不断地阅读、参加工作坊或与他人交流，以不断提升自己的心灵成长。

寻找支持：当你遇到困难或需要别人的建议时，不要犹豫，去寻找可以信赖的人或专业人士进行咨询。

通过遵循这些规则，你可能会发现自己在心灵成长方面有所进步，从而成为一个更完整、更幸福的人。

4. 正念和自我觉察

练习正念：通过冥想、呼吸练习或正念活动，培养对当前时刻的全面意识，减少对过去的后悔和对未来的担忧。

自我反思：定期花时间反思自己的想法、情感和行为，探索它们的根源，以更好地了解自己。

5. 保持平衡和边界

寻求生活的平衡：在工作、休息和娱乐之间找到平衡，避免任何一个方面过度占据生活。

设定健康的边界：学会说“不”，尊重自己的需要和限制，避免过度承担他人的期望或责任。

与自我相处的艺术在于建立一种积极、健康的自我关系，这需要有意识地努力和持续地实践。通过上述规则的指导，我们可以更好地与自己相处，享受更加充实和满足的生活。

在我几十年的成长旅程中，我深刻地体验到，自我的承诺，也就是自我的规则，对人生的重要性。它会让我们的内在产生巨大的秩序感，会让我们一生都在不断地成长。如果你回首看自己生命成长的历程，你就会发现：遵循这样的规则成长，你人生的成长速度不是一年一年地来看，而是一个月一个月地来看，有点像儿童的成长速度，会让你欣喜，可以帮助你达到孔子说的“朝闻道”而喜悦无比的境界。

夫妻相处的规则

我们一生，除了我们与孩子，与伴侣的关系也是最亲密的关系。夫妻如何相处，需要投入智慧、时间和精力。如果处得不那么好，就会变成一种苦难。所以，有些人会说夫妻关系就是我们的修罗场。如果夫妻关系相处得非常好，那对每一个人都是滋养，能为孩子提供巨大的安全感和保障。孩子的未来，也会像相爱的夫妻一样去寻找自己的关系。所以建立夫妻相处的规则，就变得尤为重要。

以下的规则，仅仅是为你提供一个参考。你可以根据以下的规则做一些补充和调整，也可以在一段时间以后回顾一下，看看是否再增加一些内容，或者减少一些内容，以便在你们之间操作起来时，更加切实可行。

夫妻之间的相处规则是建立和维护健康婚姻关系的基石。

一套简洁朴实且具体的夫妻相处规则

规则 1　倾听对方

具体做法：当对方讲话时，放下手中的事物，进行眼神交流，并用心倾听。避免打断对方，尽量理解对方的情绪和观点。

规则 2　公平交流

具体做法：在讨论或争议中，使用“我感觉”而不是“你总是”开头的句子，避免指责对方。公平表达自己的感受和需要。

规则 3　表达感激

具体做法：每天找到一个理由感谢对方，哪怕是为了一件小事，如做饭、打扫或是一个拥抱。表达感激可以增强彼此的情感联结。

规则 4　保持个人空间

具体做法：尊重对方的个人空间和独立性。鼓励对方追求个人兴趣和与朋友的社交活动，同时自己也做同样的事。

规则 5　定期约会

具体做法：不论婚姻持续了多久，都要保持定期的夫妻二人世界，比如每月至少安排一次只属于两人的约会夜，保持关系的新鲜和浪漫。

规则 6　解决冲突

具体做法：面对冲突时，及时沟通，避免积累不满。寻找双赢的解决方案，而不是试图赢得争论。

规则 7　相互支持

具体做法：在对方需要时提供支持和鼓励，无论是职业发展、个人兴趣还是面对困难，都给予理解和帮助。

规则 8　保持诚信

具体做法：在所有事情上都保持诚实和透明，即使是小事也不隐瞒，建立和维护信任。

这套规则简单而朴实，但实施起来需要双方的共同努力和承诺。

健康的夫妻关系建立在相互尊重、理解和支持的基础上，通过日常的小事来培养和加深这种关系。

以上的规则中，如果你想要更进一步掌握儿童的 7 个规则，请参考我即将出版的新书《自由中的规则》。那里有详细的说明和具体的操作方法，在这本书里我们就不展开详述了。

第五章

爱的表达方式

所有生命都依赖爱而生存、成长

爱是对生命的追求和渴望

爱，是人类永恒不变的主题。我们既可以从自身的需求和渴望中感知到，也可以从铺天盖地的各类作品中看到，不仅包括各种影视、文学作品，也包括宗教、哲学、心理学等作品，都有详细的阐述。人们对爱的理解和意义，最早期的启蒙教育大多来自这类内容。而大部分的影视作品讲的又都是爱情故事——渴望爱，得到爱，海枯石烂永远相爱……也许人类到了正常的繁殖年龄，就可以理直气壮、气势磅礴、惊天地泣鬼神地大写特写爱了吧。所以，爱就被这个生理现象推到了前面，开始误导“爱”，把“爱”圈养在了爱情之中。

我问一个朋友：“爱为什么这样吸引人呢？”他说：“感觉好呀。”他指着一桌菜说：“爱的感觉比吃这些感觉都要好。”表象的故事里，揭示着一个极为深刻的道理：生命离开了爱，是难以活下去的。

成人对爱的理解聚焦在爱情（繁殖）上，儿童对爱的理解聚焦在成长、安全感和保护上，老人则可能聚焦在安慰和照顾之中，爱在一生中会以不同的形式出现。

那么，爱究竟对人类意味着什么？对生命意味着什么？

我们先从生命开始说起，以便让我们了解生命中的人类和其他物种具有哪些共性，同时还有哪些特性——来理解人类的爱。

如果我们不把植物、动物、人类区分开，我们都是生命，那么生命的存在本身就是一种爱。无论什么物种，都是作为生命的一部分共同享有生命的恩赐，并以不同的方式表达着对生命的珍惜和爱。所以，我们试图在生命里边寻找一种共同的本质。这个本质就是对生命的追求和渴望。

所有的生命，都有一种成长的渴望，这是因为生命本身具有一种自我保护和自我发展的本能。这种本能驱使生物不断地追求成长和进化，以适应和应对不断变化的环境和生存压力。

首先，生命的成长是生物适应环境的一种方式。透过不断地成长和发展，生物可以提高自身的适应能力，更好地适应和利用周围的资源，应对各种生存挑战。

其次，生命的成长是生物繁衍的保证。只有通过不同的生长和发育，生物才能达到繁殖的成熟期，完成繁殖过程，延续自己的后代，从而保证种群的生存和繁衍。

最后，生命的成长也是生物追求更高生活质量和更高生命价值的表现。生物在成长的过程中，不断地积累经验、学习技能，提高自身的智慧和能力，从而拓展自己的生活空间，获得更多的生存和发展机会。

人类首先是作为一种生物存在的，他没有办法逃离生物的法则。所以，以上的这些特质，人类也完全具备。如果我们试着把它总结一下，那就是——生命的成长渴望，它是生物的天性和本能的体现，会驱使生物不断地追求生存和繁衍，推动着生命的持续发展和净化。所以，生命之所以存在，就是为了不断地成长，不断地进化，不断地追求更高的生存和发展目标。我们把促使生命的这个本质的发展力量，称为“爱”。

无论是植物、动物，还是人类，都拥有这种本质。生命是强大而且神秘的，它驱使着所有的生物不断地追求成长、发展和繁衍。无论在任何形式下，这种生命的力量都是无穷尽的，它激励着所有的生物不断向前进、不断地奋斗。这种对生命本身的追求和渴望，是联结植物、动物、人类之间的纽带，也是我们共同的生命之源。

有了这个对生命的认识，我们就把爱聚焦在对生命的追求和渴望上。这种追求和渴望，指的就是不断地成长、发展和繁殖，这就是爱。

爱是一种联结，是激励生命的力量。它激发着个体之间的关怀、支持和合作，推动着生物不断地前进，不断地成长。在植物、动物和人类中爱的存在和表达，体现了对生命的尊重、珍惜、呵护，是生命的关键驱动力之一。

植物的爱

在《假如给我三天光明》这本书里，海伦·凯勒问老师沙利文:“什么是爱？”沙利文说:“对植物的爱就是阳光和水。”我想沙利文老师抓住了一个本质，就是所有生命都追求成长，渴望发展与繁殖。所以，我们把植物的成长过程视为一种表达生命的方式。这种成长过程包含了植物对自身生命的追求和对外部环境的适应。植物借助阳光、水分和土壤中的营养等自然资源，通过光合作用和根系吸收，实现了生长和发育。在这个过程中，植物表现出了对生命的渴望和追求，这种追求可以被视为一种爱的表达。

你可以想象，一棵刚发芽的树苗，从温暖的土地里冒出来，在一片阳光明媚的森林里开始成长。每天，太阳升起的时候，阳光洒落在大地上，也洒在了树苗的身上，这就是植物获得的爱。阳光为树苗提供了温暖和能量，让它茁壮成长。树苗越长越大，叶片开始展开，向着阳光生长，积极地进行光合作用，吸收二氧化碳，为周围的生物提供氧气。

净化空气，这也是植物对生命的爱的表达。随着季节的变化，树苗越长越大，长成了参天大树，树冠茂密、枝繁叶茂。它为森林中的生物提供了栖息地和庇护所。鸟儿开始在树梢筑巢，野兽在树下休憩。在风雨交加的夜晚，这棵大树默默地承受着风雨的洗礼，守护着森林的安宁和平静，这也是植物对生命的爱的表达。

如果你仔细观察，或者如果你就生活在这样一个自然环境中，就可以真实地看到，植物不只是静静地存在着，它们也在默默地为周围的生物提供着无私的关爱和支持。这种无私的奉献精神就是植物对生命的爱的体现。

阳光是植物进行光合作用的能源来源，水分是植物生长和细胞代谢的必需物质，二氧化碳是植物进行光合作用的原料，营养物质则提供了植物生长和发育所需的营养元素。这些因素共同作用，促进了植物的生长发育，维持了植物生命的持续。植物和人类的成长是有相似的地方的，作为幼芽刚刚生长的时候，它们急需要爱的呵护来保证自身对生命的渴望。但是植物一旦长成，就开始把所得的这些爱，回馈给大自然。幼小的植物，跟人类的孩子和动物的幼崽一样，是依靠爱活下来的，直到它们长大成熟，开始回馈自然。

动物的爱

动物就更有意思了。动物已经形成了一种家庭关系，动物之间的亲情是它们成长过程中的重要支持。父母会为幼崽提供食物、保护和教育，确保它们健康成长。这种亲情的支持和关爱，为幼崽提供了安全感和信心，帮助它们顺利度过幼年阶段。

例如，狮子生活在群体中，通常由雄性领导狮子家族，以狮群为单位，由一只雄狮、多只雌狮和它们的幼崽组成。雄狮负责保护领地和狩猎，雌狮负责照顾幼崽。狮子家族的成员之间有着紧密的亲情关系，彼此之间相互依存，互相照顾。这种状态是不是很接近人类了？

还有一些动物，可以说是爱的楷模和典范，不管是爱情关系，还是家族关系、亲子关系，都相当的稳定。一个典型的例子就是狼。狼是社会性动物，它们生活在群体中，有着稳定的家族关系和繁衍模式。在狼群中，通常有一对领导性的公狼和母狼，它们是群体中的领导者和父母。这对狼父母会负责领导狼群狩猎食物，并且共同照料幼狼。当繁殖季节到来，母狼会选择一个适合的地点产下幼崽，并在幼崽出生后进行照顾和教育。公狼也会参与到幼崽的照料中，为幼崽提供食物和保护。狼的家族关系非常稳定，在整个幼年期间，公狼和母狼会共同照顾幼狼，教导它们各种生存技能，直到幼狼长大成熟，离开狼群独立生活。这种稳定的家族关系和父母的不离不弃，为幼狼提供了安全感和信心。

在以上的内容中，我反反复复地提到，动物父母给孩子的爱，为孩子建立了安全感和信心。是什么样的安全感和信心呢？就是能使孩子顺利成长和发展的安全感和信心。

许多动物也形成一个社会系统，彼此之间形成紧密的社会联系。在这样的群体中，成员之间分工明确，相互照顾、支持和保护，共同面对外部环境的挑战和威胁。这种社会关系的支持和合作，为每个个体提供了成长和发展的环境，促进了群体的稳定和繁荣。

例如蜜蜂，生活在高度组织化的社会群体中。蜜蜂社会的家庭结构以蜂群为单位，由一只蜂王、数十只雄蜂和数百只工蜂组成。蜂王负责产卵，雄蜂负责交配，工蜂负责采集食物、筑巢和照料幼蜂。蜜蜂之间通过复杂的化学信息交流和行为协调，形成了高度稳定和高效的社会关系。

我们从狮子、狼、蜜蜂这些动物的家族和群体生活中，可以观察到动物群体的爱，体现在以下三个方面。

首先，是亲情关系。在家庭中，动物父母对幼崽的照顾和保护，无疑体现的是亲情之爱。无论是狮子照顾幼狮，还是狼照顾、教导幼狼，这些都是爱的表达（我不得不感慨，人类有些家庭的爱，无法与动物相比），也体现了家族成员之间紧密的关系和互相照顾的精神。

其次，是动物社会的合作意识。在一些动物的社群中，成员之间的合作和支持也是爱的表现。例如，蜜蜂社会中的工蜂相互协作、共同筑巢、采集食物，为整个蜂群的生存和繁衍做着贡献。这种合作和相互支持，体现了社会成员之间的相互关爱和互助精神。

最后，动物群体的保护意识也是动物之间爱的一种表达。有一次，我和儿子看电视，当我看到一只凶猛的雄狮趴在地上睡觉、雌狮子们在捕食时，我说："这头懒狮子，它如此凶猛，谁来抢它的领地呀？"儿子便对我说："妈妈，雄狮是领导者，除了保护领地，还要保证狮群的稳定和秩序，还要领导狮群进行狩猎防御，还要繁衍后代。狮子捕来的食物，会被很多食肉动物窥探偷走的，所以保护狮群的食物，也是雄狮的责任。"听上去真的是责任重大呀！

在动物的社会中，成员之间的保护和关怀，表现得非常突出。比如，狮子群体中的成员会共同保护领地和幼崽；黑猩猩群体中的成员会相互警戒和协助，确保群体的安全。这种保护和关怀就体现了动物成员之间的相互爱护和团结一致的精神。

以上这些爱的表达，不仅促进了动物这个社群的稳定和繁荣，同时也为每个动物个体的成长和发展提供了重要的支持。

人类的爱

说了植物，说了动物，但我们的焦点是在说人类之爱。说完生命之爱的时候，我们就能够发现，人类首先是生物的人，其次是精神的人。这样的说法，可能与很多说法相背离。我自己家里就对这两种说法产生了歧义。我的孩子坚持说："人首先是个生物。"我的先生却说："衡量一个人，要看他的精神，人就是个精神体。"无论我们首先是精神的人而后才是动物的人，还是首先是动物然后才是人，在我看来，我们超越了动物，拥有了人类精神的特性，我们就是人。如果我们没有超越动物，我们就是"人"这种动物，所以我们有必要阐述一下人类与动物之间相似和不同的地方。

人类的爱和动物的爱的相同之处表现在以下这些方面。

首先，是关爱后代（尽管今天许多人想要超越生物繁衍的本能）。人类和动物都有关爱后代的本能，愿意为了孩子付出一切。无论是人类还是动物，父母都会尽最大努力来保护、照顾和教育自己的子女。

其次，是社会合作。人类和动物一样，都生活在社会群体中，需要相互合作来共同生活。在社会中，成员之间相互支持、互相帮助，共同面对生活中的各种挑战和困难。

最后，是情感需求和情感表达。人类和动物都是依靠爱的情感来养育后代、相互联结和支持的，都能够表达情感，包括喜悦、悲伤、恐惧、愤怒等。无论是人类还是动物，都能够通过行为、声音和姿态来表达自己的情感。

但是，动物同人类最惊人的不同之处在于，动物在怀孕的时候，只有一个生理胚胎，而人类在怀孕的时候同时拥有两个胚胎：一个是生理胚胎，一个是精神胚胎。精神胚胎包含了人类至高的情感意识，人类智慧的创造思维，人类生存的爱，人类强大的自我反省的智能，最后还有人类惊人的审美。精神胚胎完全地把人类和动物区分开了。这是一种极高的进化力量和进化状态，人类拥有了一种完全抽象的意识状态，这个意识状态就是创造力。

人类应用自己的抽象思维，发现了数学、物理、化学、天文、宗教、哲学、文学……透过这些学科，人类理解了宇宙的法则和宇宙的精神法则，成为地球的主宰。

人类能够理解和表达更深层次的情感。相比之下，动物的情感更多是基于本能和直觉。我们把雌性动物与雄性动物之间的关系，常常称为交配、发情，是直接的性行为。但是，我们把人类两性之间的关系称为爱情。动物在交配的时候，通常会处于兴奋状态，专注于自身的生理需求和本能的趋势，不会太注意周围的环境。它们的交配就是为了完成繁衍的任务。但是人类却完全不同，人类选择爱，拥有爱。人类表达精神，人类注重环境，人类有审美，人类会选择与价值观相同的人进行此项活动。种种复杂的内容，都会在相爱中表达。

我举个例子，音乐家崔宰凤创作的小提琴曲《爱，只是一场梦》中，表达的就是男女之爱。这首曲子后来用不同的器乐演奏，用不同的方式表达着爱情。有人这样描述："该曲旋律委婉凄美，直击心灵，足以令人心动和产生共鸣。爱情是人类永恒的话题，人人都憧憬，但它是那么缥缈，若隐若现、难以捉摸，有时似乎近在咫尺，有时又仿佛遥不可及。圣洁的爱情是那么的幸福美好，竟可让人忘乎所以！完美的爱情是一场美妙的梦，梦中的爱情纯真、甜美和令人向往。愿您的爱情永远像梦中那样甜蜜！"你看，人类的爱情，用音乐表达，不够；用舞蹈表达，不够；用文字表达，还是不够。这些表达，依然不能诠释爱情，我们一定要让我们的感觉同步到位，还要让我们的心灵也到位，以便来描述我们生命中的爱情。

但是，动物的表达就简单、粗糙，显得过于本能了。

人类有文化的影响。人类的爱受到文化价值观念等多种因素的影响，会随着社会和时代的变化而变化。而动物的爱则更多受到基因和生物学因素的影响，相对稳定和固定。

人类有道德责任和社会义务。人类能够考虑他人的利益和社会的整体福祉，并为此作出牺牲和奉献。而动物的行为更多地受到本能和生存需要的驱使，很少有能力进行道德判断和决策。人类可以保护和尊重其他人类和动物。相比之下，动物的爱更多是基于生存和繁衍的需要。人类具有更高级的意识和抽象思维的能力，所以人类能够理解抽象的道德和概念，比如公正、善良、诚实、义务、爱、良知等，并且能够根据这些概念来指导自己的行为。动物的认知能力相对较低，很难理解应用抽象的道德概念。

人类可以超越所有的生物，从更宏大和更长远的视角来看待一切。例如，人类有保护和维护地球环境的责任，以确保生态系统的平衡和可持续发展；人类保护野生动植物、节约能源和资源等；人类尊重他人的权利和尊严，不歧视、不欺凌他人，不侵犯他人的利益，促进社会的和谐与稳定；人类不仅仅有教育、培养人类后代的责任，还会考虑到未来人类和未来社会的发展和可能性；人类支持弱势群体，包括残障人士、贫困者、流离失所者等，为他们提供所需的帮助和庇护，促进社会的公平与正义。

从以上内容就能看出，人类的精神创造了一种文明，而这种文明完全是一种爱的表达。我们真的超越了基因和环境。超越了环境，指的是我们创造了环境，不再是适应环境。我们逃离了限制我们的环境，我们的视野更广阔。我们创造了一种人文的精神环境而生存，但动物只能被限制在自然环境里。

今天，在我们人类的群体中，依然呈现作为生物的那一部分特征。我们人类的某些处境，依然是动物的处境。也许，我们依然带着一些动物的“尾巴”，但是我们能够看到：人类文明所呈现出来的爱。文明越进化，爱所呈现出来的光芒就越宏大，社会的福利就越好……爱，完全地表现在了人类的精神之中。我们可以透过人类与动物的不同，发现人类的精神胚胎的重要性。爱就隐藏在精神之中，将为我们创造更高的文明。

童年缺失母爱会影响一生

回顾完这些，我们就可以回到我们作为父母的角色里，再来看我们如何让孩子在爱中成长。

你为什么是现在的这个模样？很大程度取决于你的父母在你的童年是否爱你。

在美国曾经做过这样一个实验：科学家对一所中学的1000多名学生进行了一个调查。他们在这所中学里挑出了被认为“最好”的10个学生，学生的品格、心智、学习等各方面都很好。然后，又找出了被认为“最差”的10个学生，这些学生经常打架、闹事、旷课，就差犯罪了。对这20个孩子，科学家问了同一个问题：“你最后一次听到你妈妈对你说‘我爱你’是什么时候？”10个好学生几乎全部说“今天早晨”或者“昨天晚上”，最迟的是“昨天早晨对我说的”。再看10个“最差”的孩子，只有一个孩子说：“好像我妈妈曾经对我说过，至于什么时候说的，我忘记了。”剩下的9个孩子都说：“我妈妈没有对我说过这样的话。”

有一本书叫《希望的理由》，是灵长类动物行为学家简·古道尔写的。古道尔是一位研究大猩猩的动物专家，她在书中详细记录了一只大猩猩的悲惨童年和人生经历。一只年幼的大猩猩弗洛，它的母亲突然离开了它，导致它在童年时期缺乏母亲的关怀和教导。弗洛长大后经历了许多困难和挑战，包括与其他大猩猩的社会交往和求偶。在成年之后，弗洛的生活变得更加艰难，它面临着与其他大猩猩的竞争、领地的争夺以及生存的压力。尽管弗洛努力适应环境并寻找自己的位置，但它的人生仍然充满了挑战和痛苦。古道尔对两代大猩猩进行了追踪，发现弗洛成为妈妈后，生了两个孩子，但弗洛的性情忧郁、暴躁，无法爱自己的孩子，结果两个孩子都被其他动物或猩猩杀死，最后弗洛也抑郁而死。

这个故事的残酷，给我留下了深刻的印象。因为这些观察，古道尔在自己的孩子出生后，始终把孩子带在身边，极尽之爱，直到孩子长到10岁，才送到自己的母亲处。

我曾经把这个故事给很多人讲过。古道尔是我非常喜爱的一位科学家，她的描述不仅在提醒我们，母爱是多么的珍贵和重要；也在告诉我们一个真相，童年缺乏母爱所导致的困境，以及这种困境对其后代和家庭的影响。

这个情境还在“背后”悄声地潜伏着：如果人类在童年获得不了爱的话，这个痕迹几乎会带到你未来所有的部分——你和家庭的关系、你和伴侣的关系、你和孩子的关系、你和企业的关系、你和上司的关系、你和金钱的关系、你和幸福的关系、你和生活的关系……在你的各个层面，爱的缺失潜伏着、呼喊着，让你成长、让你完善、让你补充。

爱是生命得以生存的唯一途径

爱是生命在这个地球上得以生存的唯一途径。这个途径要在0～18岁建立，要通过18年的里程在儿童生命中建构。当青春期到来的时候，儿童就会脱离母亲，独自走向生活。这个时期，大自然设定了一个密码，这个密码就是青春期到来的时候，由于身体的变化，孩子会对别人有兴趣。跟母亲的关系和“脐带”断掉了，人感觉被分离了出来，变得孤独起来，寻找爱是最好的处境。这就是孩子为什么要恋爱，这是在练习他和父母的关系。经过十年八年的练习之后，他有了一段婚姻、一个家庭，学会了彼此相爱，并且能够养育自己的孩子长大。到40岁的时候，这个工作已经完成了，他的一生才算长成。心理学家、教育家说：人的成长年龄应该是0～40岁。所以当你走完一个周期，到了40岁的时候，你开始思考活着的意义究竟是什么。开始思考这个问题，一个真正的反省历程开始了。我们90%的人都是按照这个历程走过来的。因此，爱是一个永恒的主题，从出生的那天起，一直到死亡的那一天，爱都作为一个永恒的主题而存在。只要是生命，爱就存在 。

法国思想家德日进认为：爱是一种巨大的能量，共同向一个方向输送。当你的能量输送到一定量的时候，那个事物从形式和内容上就产生了一个巨大的变化，这个东西就是爱。

这段话听起来有点抽象，我们把它比喻成一个更形象的事物。比如，一棵植物接收了足够的水分、光、肥料，当它吸收了足够能量的时候，这棵植物就会从形式上产生变化。它从原有的种子发芽，或是从叶状长出花蕾，然后盛开为一朵花。这就是从内容和形式上产生的变化，我们把这个东西称为爱。再比如，一个新生命的诞生，一个儿童胚胎的诞生，必须由两亿五千万个以上的精子共同向一个地方“进军”，这个能量共同往一个地方输入。精子少了，妈妈不会怀孕；精子四处乱跑，妈妈也不会怀孕。所以，两亿五千万个，这是一种能量；往一个方向共同进发，这也是一种能量；最后一个能量最强者（这也是一种能量）进入妈妈体内，卵子就会从形式和内容上产生变化，胚胎就开始产生。

一个孩子，从0岁长到18岁，身体需要能量，靠食物完成；情感需要能量，靠爱的联结完成；心智需要能量，靠爱、靠环境、靠孩子认知的发展和自身的领悟来完成。能量够了，就成长一步，0～18岁持续需要能量，持续成长……一个人，从生下来一直到死亡，生命一直是成长的。只不过他的身体长到18岁停止了，但是他的意识一直是在进化的状态中，不断地往前发展。28岁获得的能量，已经在他的身体里，建构了一个能量的源泉，这个源泉会持续地在我们的生命中起作用。尽管有外在能量持续的获得过程，但这个时候内在的作用就大过了外在能量的给予。为什么有的作家会说“有的人30岁就死了”，因为30岁的时候，这个人已经没有能量从内容和形式上改变了——他停止了成长。

而人的生命密码的设置是：永不止息地成长。

爱的语言

爱的语言包括很多种，口头语言、身体语言、情绪语言……它们都在“开口说话”。在以下的内容里，我们专指口头语言。

为爱正名

爱的语言和无爱的语言，每天都发生在我们和孩子之间。只要我们和孩子在一起，一张口说话，要么是爱的语言，要么是无爱的语言。我们就从这个层面来解释爱的语言。

我们说“爱”不是一个词汇，但“爱”确实是个动词，也是个名词，还是个形容词。“爱”不是一个概念，但“爱”确实是一个概念，而且是一个特别具体又特别抽象的概念。

下面的语言内容，目的是让你检视自己和孩子的关系，但同时可能也会引起你的不愉悦。但是，它可能会让你在意识中有一个转弯。

一位家长这样对孩子说：“你不知道妈妈爱你吗？妈妈这么爱你，你要天上的星星都摘下来给你，你怎么还这么不听话呢！”——请问这是爱吗？这是你以为你爱他，这是个“以为”，但这不是爱。

“不让你动，不让你动，看吧，手烫了。”

“说了多少遍，你都不听，你傻呀！”

我们要给一个小朋友喂饭，拒绝他自己动手：“别动。”一把很大的勺子伸过去，“张嘴，赶快。”或者打掉他的手，我们怕把他的衣服弄脏。——这是爱他，还是爱自己的想法？

以上这些，都是透过孩子爱自己。

举类似的例子是想为爱正名。爱就是爱，骂就是骂，恐惧就是恐惧。不能用恐惧、控制、隐性的指责来代替爱。

学会使用爱的语言

想要改变自己的生存境遇，改变孩子的命运，就要学会爱。

第一步，先从改变自己的语言做起，学会使用爱的语言。

情景 1　孩子从高处跳下来，摔倒了。

我们用这样的方式来表达爱：“宝贝，妈妈知道你想练习跳，可是这里有点危险，我们可以从稍低一点的地方来跳。”

情景 2　孩子不小心把一个杯子掉在地上打碎了，孩子吓了一跳。

妈妈说：“谁让你把杯子打碎的？”这不是爱。

爱的语言是：“告诉妈妈，你是不是被吓着了？”“你只是吓了一跳，没有关系的，下一次我们就知道怎么办了。”这是爱。

情景 3　走路的时候，孩子累了，妈妈也累了。孩子说：“妈妈，抱抱。”

妈妈说：“你的腿呢？你的腿长到哪里去了？”这不是爱。

妈妈跟孩子协商：“妈妈抱你一会儿，你自己走一会儿，好吗？”这是爱。

情景 4　孩子在哭。

妈妈说："你哭什么呢？哭顶用吗？"这不是爱。

我们换一个方式说："妈妈知道你很伤心、很沮丧，你想哭就哭吧，哭一会儿可能会好受一点。"这是爱。

以上的例子，并不是为大家提供一个单一的模板，而是把两种意识、两种表达放在一起对比，我们就能够意识到爱和指责是有区别的。

爱的语言，永远都在感觉孩子，知道孩子怎么了，和孩子产生联结，抚慰孩子，让孩子勇敢面对。尤其是对 5 岁以前的孩子，爱的语言很重要。

让爱的语言成为习惯

每个家庭都有自己的习惯。爱的语言也是一种习惯，每个家庭各有不同。

我常常对那些打孩子、骂孩子的家长说："智商低的孩子，都是被吓大的。"虽然这个说法有一些偏激，但是有道理。有一次，我听到一个成人在别人猛烈地指责他时，他马上说："你不要这样啊，我可是被吓大的，我很害怕你这样。"那一刻，我突然意识到我们绝大部分人都是被吓大的。

吓大的人，从身体上就能看出来，他没有那种身体自由、潇洒、松弛的感觉，而是一板一眼、拘谨而正规。现代脑科学告诉我们，当人在紧张和恐惧时，大脑迟钝和身体僵硬是多种生理和化学反应共同作用的结果，这些反应本质上是身体为应对可能的威胁而自动启动的保护机制。在这种状态下，身体和大脑优先考虑的是立即的生理安全而非复杂的思维处理。当儿童被恐惧包围的时候，儿童的智能就会受到创伤。所以，"智商低的孩子是被吓大的"是有一定道理的。

描述以上的内容，确实让人心情不那么愉悦。读者在阅读的时候，是否会联想到自己的经历？没有爱，总是不愉悦的，也很乏味。所以，我们在下面列出一些与爱有关的语言，以便爸爸妈妈参考。

日常生活中爱的语言

我们先从日常生活中开始，这些语言为孩子展示了父母对孩子的理解和支持，也可以帮助我们建立亲密的家庭关系，增强和孩子之间的情感安全感。

1. 日常生活中表达爱

早晨起床时："早上好，宝贝！新的一天也要充满爱和快乐哦。"

分别时："我会想你的，期待听到你今天的故事。"

睡觉时："晚安，我的宝贝，愿你有个甜美的梦。"

2. 面对成长的挑战

失败时："人都会遇到挑战，重要的是我们从中学到了什么。我知道你能从这次经验中变得更强大。"

努力学习新技能时："看到你每天的进步，我真的很骄傲。继续努力，你一定可以做到的！"

面对社交困难时："朋友之间有时会有误会，这很正常。重要的是我们如何解决问题。想和我聊聊吗？"

3. 在特定事件发生时

生日或特殊庆祝日："今天是属于你的特别日子，让我们一起庆祝你的成长和所有美好的事物！"

经历失落或伤心："我知道这对你来说很难，记得我永远在这里陪伴你。我们一起渡过难关。"

取得成就时:“你的一切努力都值得庆祝！我为你感到无比骄傲。”

4. 在日常互动中

分享日常经历:“今天发生了什么让你感到开心（或困扰）的事？我很想听听。”

一起完成家务:“让我们一起做这个吧，做完后我们可以一起做你喜欢的事情。”

就寝前:“让我们读一本书或讲一个故事，结束这美好的一天。”

通过这些日常生活中简单但充满爱意的语言和行为，不仅能帮助孩子感受到被爱和被理解，还能教会他们如何以积极健康的方式表达情感。这种沟通方式有助于培养孩子的情感智力，增强他们的自我价值感，同时加深父母和孩子之间的关系。

观念和信念方面的语言

以下是观念和信念方面的语言，用这样的方式表达爱和支持，应该是温暖、鼓励和充满安全感的。

1. 表达爱意和关心的语言

“我爱你，无论发生什么，这都不会改变。”

“你对我来说非常特别，我为有你这样的孩子感到骄傲。”

“我永远都在这里支持你，你永远不会孤单。”

2. 鼓励和肯定的语言

“我看到你今天做了很大的努力，真的很棒！”

“即使事情没有按照计划进行，我也知道你尽力了，这就足够好。”

“你每天都在进步，我为你的成长感到高兴。”

3. 表示理解和同情的语言

“我明白这对你来说很难，但我知道你有足够的勇气和智慧来应对。”

“我们都有面对挑战的时候，我在这里，我们可以一起找到解决办法。”

“感到沮丧时，记得和我分享你的感受，我总是愿意倾听的。”

4. 激发信心和自尊的语言

“我相信你能做得很好，因为你有这个能力。”

“每个人都是独一无二的，你有很多特别的地方，让你与众不同。”

“记得，你可以成为任何你想成为的人，我会一直支持你的梦想。”

5. 提供安慰和支持的语言

“当你需要一个拥抱或者有人倾听时，我总是在这里。”

“我们都会犯错，最重要的是从中学习。我在这里帮助你。”

“无论你面临什么困难，记得我永远是你最坚强的后盾。”

在与孩子沟通时，记得使用他们能理解的语言，并通过眼神接触、身体语言和面部表情增强信息的传递。这些言语不仅可以帮助孩子建立自信和自尊，还能加深你们之间的联系，让孩子感受到无条件的爱和接受。

表达时的注意事项

以下是表达爱的语言应该注意的事项。

1. 你的语言必须简洁、明确

因为成人习惯于用很多语言来表达，过于繁杂，很容易把范围扩大，不容易聚焦在发生事件的那个点上。简洁的语言可以让孩子更好理解。

2. 请直接描述客观的事物

不要评判，不要说教。讲道理，非常容易让孩子糊涂，而且跟所发生的事情脱节。我们应该在很短的时间内，把事情清清楚楚地描述出来。

3. 请积极地倾听孩子，给予孩子充分的注意

我们要倾听他们的言语和非言语信号，真正听到孩子说什么。所以人们才会说："倾听的能力，比表达的能力更重要。"

4. 使用开放式的问题，鼓励孩子表达自己的想法和感受

也就是说，我们不仅要对孩子表达爱，还要提出问题，让孩子思考。

不要气馁，我们都是在被剥夺中长大的，爱可以让我们超越家庭的文化，超越习俗，超越原有的自己。在陪伴孩子成长的历程中，我们自己也成长，你会看到一个新的文明和自己。

从改变我们的语言开始

今天我们大部分人，永远都在指责别人。女人们认为："我的不幸是你导致的。"男人们认为："我的无力是由社会导致的。"

什么是我们自己导致的呢？

你必须成熟，你必须为你的命运负责任。一个根本的道理就是：没有人为你负责任，没有任何一个组织对你负责任，没有社会为你负责任。唯一能做的就是你自己为自己负责任。如果你意识到这个自然法则，此刻你可以改变命运，从此刻开始做起。

从说“我爱你”开始，为这一天定下基调。

亲吻孩子的身体，然后对他说“妈妈爱你”，这是唤醒他后，你对他说的第一句话。对你的伴侣说的第一句话也是“我爱你”。第一句话就给你这一天定下了基调。刚开始，这可能是一门技术。但一定有一个开始，然后慢慢感觉。

也许你会问我为什么要这样？这难道不够做作？这难道不够模仿吗？如果我想要改变的时候，最有效的方法一定是先从语言做起，从改变语言做起。在混乱和秩序中，我选择秩序；在爱和恨中，我选择爱；在野蛮和文明中，我选择文明。那我就先从改变我的语言做起。

这是一门技术，我们必须改变我们的家庭文化，只有让爱在我们生活中传播开来，我们才能改变我们的生活，改变我们的后代。我们在幼儿园里实施了30年。这30年的事实证明是极度有效的。我们就是要求学校的老师，都必须学会对孩子说“我爱你”。老师蹲下来看着孩子眼睛，然后对孩子说“我爱你”。刚开始，几乎大部分老师不好意思说出口，他们也没有眼神直视眼神，在联结中沟通的习惯。有些孩子和老师都会相互躲闪。但是，在反复的练习中，这样的状态就变成了一种习惯，每个孩子和老师的对视都是那样的淡定和宁静。爱的表达，也变得无比自然舒畅。

你有没有跟你的孩子说：“我爱你，宝贝。”

在你的孩子哭泣的时候，你有没有关切地问他：“告诉妈妈，你今天发生什么事了？”

当你的孩子说：“我很生气。”你有没有说：“你可以生气，妈妈陪着你。”

很简单吧，就三句话。

一位妈妈，在孩子刚出生的时候，就把三句话贴在墙上。第一句话是给情绪命名，第二句话是“想哭就哭吧”，第三句话是“我陪着你”。妈妈告诉保姆：不许说别的，就这三句话。这样的沟通简洁、明确。这个孩子在情绪上格外的清明。

老师告诉我，她的孩子永远是幼儿园最受欢迎的那一个。孩子吃饭慢了，保洁阿姨一进来，他说：“我耽误你工作了吗？”因为他对人的情绪太清楚了。这个孩子到广州去了一周，走的那天，我问他：“你会记得我吗？”孩子说：“短时间内我会记得你。”

这个妈妈因为爱自己的孩子，便学着用一种新的意识来生活，而且达到了良好的效果。

爱的行为

用身体的语言和行为表达对孩子的爱，是一种非言语的沟通方式。它能够传达爱意、支持和安全感。孩子在语言能力没有完全发展好之前，是依赖于非言语的线索来获得爱、来理解这个世界的。所以，这种方式对孩子的情感发展至关重要。

身体接触

我们知道，婴儿期的孩子是靠肌肤与肌肤的触摸、抚摸来获得爱的。

一些研究表明，父母和婴儿之间的皮肤接触，可以促进婴儿的生长和发育，增强他们的免疫系统，促使婴儿的身体发育、情感发展和认知能力提升，并建立起婴儿的安全感和信任感。婴儿在襁褓中得到的触摸和身体接触，也可以促进他们的情感交流，加强与父母的情感联系。

我曾经听过这样一个说法，孩子小的时候得到了足够的身体触摸，运动能力就会很好。这让我产生了很大的兴趣。我在广州生活时，发现这个地方的孩子，尤其是小小孩，大半都是半裸着的。广州的天气非常热，父母也许没有意识到要去抚摸孩子，但自然环境导致了父母跟孩子的肌肤有大量的接触，大部分婴儿都裸着身体被父母抱着，所以身体的触摸就格外多。我就自由联想：这是不是广东省运动员很优秀的原因之一呢？

在童年的时候，身体的接触非常重要。轻抚孩子的背或手，或者让孩子坐在你的膝盖上，这些身体接触的方式是在传达安全感和舒适，而且儿童常常会不由自主地有这样的行为。当一个大人坐在那儿的时候，儿童会坐过去，坐在大人的怀抱里。这种需求可能是人天生的一种愿望。

记得年轻的时候，我的一个朋友谈恋爱，有一天她对我说："我太渴望他拥抱我了。我每天都坐在他的腿上，搂着他的脖子。这真的不是一种性的需求，完全就是我想要他这么抱着我，就是有这样一种肌肤的需求。"我问她："你还记得你妈妈最后一次抱你是什么时候吗？"她想了一会儿说："没有，在我的记忆里，我妈妈从来没有抱过我。"然后她沉默了一会儿，哭了。

对成人来说，肌肤同样需要被触摸。我记得曾经看过一个视频，讲的是一个治疗机构，他们专门为成人提供一个身体触摸和拥抱的场所。那个房间里有沙发和垫子，一群成人在彼此的相拥中，舒适地、安然地躺在那里，愉快地交谈着。所以，身体的触摸是人类天然的一种情感需求。这个需求，完全可以让孩子得到满足。这个需求，也可以让你的家人得到满足。

拥抱和亲吻

爱的行为，首先表现在拥抱和亲吻上。给孩子一个温暖的拥抱和一个轻柔的亲吻，可以让孩子感到被爱、被保护。

这让我想起一个小宝宝。爸爸上班前忘了拥抱和亲吻他，这个孩子就不断地哭着给妈妈说："爸爸没有拥抱我，也没有亲吻我。"这个宝宝只有一岁多，刚刚会说话。显然他是透过拥抱和亲吻，来和爸爸建立联结和安全感的。

强大无比的爸爸，怎么能在这个早晨忘记拥抱和亲吻一个小小孩儿呢！

在幼儿园里，你会发现，绝大多数的孩子感到不安全的时候、哭泣的时候、受到伤害的时候，都是通过拥抱来缓解自己的情绪的。不仅是孩子，当一个大人受到很大刺激的时候，拥抱也是最好的语言。在一个强大的人的怀抱中，你可以让自己安静下来，重组破碎的心。儿童也是这样，在大人的怀抱里，儿童哭着哭着，所有的恐惧、伤心都哭了出去。所以，在很多时候，拥抱是一个疗愈的过程。

每一天，要记得拥抱你的家人，拥抱你的孩子，拥抱自己，这样生活就像有了阳光一样。因为这种爱是最直接的爱，不需要任何附加的条件。

眼神的交流

我们再来了解一下眼神的作用。眼神可以传达喜悦、悲伤、愤怒、担忧等各种情感。也就是说，我们可以透过眼睛这个门户，走进一个人的情感世界。所以，情感沟通和交流，可以通过眼神来完成。正像一个孩子所说："我妈妈看着我，我看着我妈妈，我就知道我们是相爱的。"这就是眼神带来的对情感的洞察。

除此之外，我们常常通过观察对方的眼神，来了解对方的意图、情绪和态度，从而调整自己的行为和表达。有些成人不用说话，只是用眼神盯着孩子，就已经把孩子吓得缩了回去，因为这个眼神在传递着一个成人的意图："不要动。坐在那里，不要动。"但是，眼睛也可以传递爱的意图，就像我们有时候用眼神示意一下孩子，容许孩子做某些事一样。

有一次，一个孩子给另外一个孩子道歉，这个孩子便说："我不原谅。"

老师问："为什么？"

这个孩子说;“因为他不真诚，所以我不原谅他。”

真诚是从哪里看出来的呢？真诚，一定是从眼神那里看出来的。当你认真并且真诚地看着对方的时候，你们之间的眼神交流，可以建立起一种信任和亲密的关系。通过眼神的联系，人可以感受到对方的真诚和诚信，使信任感和亲近感拉近。

眼神也可以洞察人的心理。通过观察对方的眼神、表情和进行眼神交流，可以了解对方的内心想法、情感状态和个性特征，能更好地理解和认识对方。儿童对这方面的洞察力比成人好。比如，当妈妈想让孩子尽快地睡觉，或者妈妈不想让孩子打扰自己的时候，尽管妈妈用了很多相反的语言，但是孩子依然能够马上洞察到妈妈真实的意图——眼神会暴露妈妈的意图。

“眼睛是心灵的窗口”，说到这句话的时候，我们可能以为这是一句文学语言，但这个感知光的特殊器官还具备特殊的能力，那就是当我们的眼神深入交流、长时间对视的时候，一种神圣的、最直接的心流联结就启动了，它有一种奇特的能力，就是疗愈。

总的来说，人们眼神与眼神的交流，对人意味着更深层次的情感交流、互动、洞察和信任。这种交流方式不仅可以增进人与人之间的联系和理解，还可以促进人的心理健康和社会适应能力。

与孩子进行直接的眼神交流，表明你对他们的关注和兴趣，可以让孩子感到自己的价值。

一起玩耍

一起玩耍也是一种爱的表现。与孩子一起玩耍，共享快乐的时光，是表达爱和关注的行动。

一起玩耍还是一个疗愈的过程。试着想一想，在你带着孩子到公园去玩耍的时候，当孩子的玩耍需求得到满足的时候，就会因为各种原因和理由而发脾气、找碴儿。这就是孩子和父母一起玩耍时生命能量获得满足之后，开始用这种能量疗愈自己的一种表现。所以，孩子就用发脾气或者找父母的碴儿来宣泄过去积累在身体里的创伤。这种情况下，父母要在合适的时间和安全的地方，倾听孩子，给孩子一个治愈的过程。

实际上大人也是这样。我们可以把谈恋爱看成两个成人在一起玩耍。恋爱谈到某种程度的时候，矛盾就会出现，这时候就是过去创伤出现的时候……所以说，一起玩耍，通过游戏，可以建立更深的情感联结。

手牵手

手牵着手，是一种最简单的身体接触。牵着手走路，可能是为了一种安全，怕孩子丢失。尽管只是这样一个简单的动作，牵着孩子的手也在传达信任和引导。它是一种简单但强有力的表示：你在乎他，在意他。所以，恋人们才手拉着手走路，而且是十指相交。这就是一种情感的表达，一种强有力的表示：我爱你。

以上这些行动和身体语言，都在表示父母和照顾者可以在不使用言语的情况下，向孩子传达爱、关怀和支持。这种沟通和表达方式，对孩子的情感、自信、安全感和归属感都有很大的作用。

爱的心理

之所以我们把“爱的心理”放在爱的表达方式这一章中，是因为我们成人的心理活动太多，期待太多，我们会在不知不觉中把这种压力给孩子。

举一个例子：

我在讲关于如何爱孩子这个主题的时候，一位妈妈听完课很感动，晚上回家之后，她对自己9岁的孩子说：“妈妈爱你。”孩子怔住了，从那一刻开始就不说话了，跑到了另一个房间。

然后，她又对自己4岁的孩子说：“妈妈爱你。”这个孩子也不说话了。

晚上，大孩子自动去洗脚、洗脸，上床睡觉，一切都相安无事。第二天早晨，自动去吃饭，也不说话，然后就去上学了。

第二天早晨，我和这位妈妈又见面了。她说：“我昨天晚上回去，大概是6点多钟，说完了那句话以后，我的两个孩子到今天早上都没有说过一句话。我不知道发生什么了，你告诉我发生了什么事？孩子被吓着了，被爱吓着了吗？”

也许这个故事会让你觉得，关于爱的启蒙还很漫长，现在仅仅是个开始。因为太多的人，自己没有被爱过，所以也不会对孩子表达爱。而这位妈妈，还是一位教育工作者。

如果我们不了解自己的心理活动，我们也无法了解孩子的心理活动，我们和孩子都会生活在荒漠中。

无条件地爱孩子

父母的第一个“爱的心理”，就是无条件地爱孩子。

无条件的爱是一种爱的形式，指的是爱是不受任何条件限制的。对父母来说，爱你的孩子，不受任何条件的限制，无论胖瘦高矮以及某种独特性。不管一个人的行为、性格特点，不管他是成功或失败，或者其他任何可能影响爱的因素，爱的给予者都能始终无条件地爱对方。这种爱的特点在于其不变性和恒定性，就是父母要接受孩子的本真自我，无论孩子什么样（这和儿童的不良行为无关），都要给予他们爱和支持。

我们每个人都有偏好。可能我们会遇到一个安静的孩子，但是我们的偏好是希望孩子活跃，希望孩子善于表达自己；也可能在我们的心里，期望孩子是个天才。如果我们总是以天才来跟孩子对比，就会发现孩子很笨，不够聪明。

无条件的爱和有条件的爱，是我们所有人内心最大的障碍。我们总是在爱中要求我们爱的那个人不断变化成我们喜欢的样子，不断符合我们的要求。这个过程，我们就逐渐地把一个人物化了。我们爱的不是一个人，而变成了一个物。

人类养育儿童的过程非常有趣。婴儿期，大人基本上对儿童没有要求，但到了 5 岁以上，大人的要求就多起来了，爱的能力越来越退化。等到了儿童上学的时候，大人的要求就更多了。等孩子上到中学的时候，大人的爱就彻底地变成了条件和要求。在这个过程中，大人变得顽固起来。

我们对孩子的爱应该是持久的，不会因为外界情况的变化和个人行为的变化而减少或者消失。我们应该在任何情况下，都对孩子提供情感的支持和鼓励。即使孩子在犯错和失败的时候，我们也要始终爱孩子，支持孩子。

无条件的爱，有时候意味着父母愿意为孩子的幸福和福祉作出牺牲和妥协。

这是一种最理想的爱的状态，体现了父母对孩子尊严的最深沉的尊重和肯定。所以，无条件的爱是一种对父母极大的挑战，随着孩子年龄的增长，父母需要持续地努力和理解，对孩子抱有同理心。

理　解

理解，指的是父母能够准确地把握孩子的想法、感受、动机和观点，并且能够倾听、观察和分析孩子的立场和发生的情况。这意味着父母在与孩子的关系中表现出了自己对孩子的理解，意味着父母能够接受并且正确地解释孩子的言行以及背后的意图和情绪。

做到这一点，真的很不容易，但我依然发现很多父母非常智慧，不仅能准确地把握孩子的想法和意图，而且还能精准地帮助孩子表达出来。

有一个孩子小的时候，干什么都比别的孩子速度要慢，显得不机灵。他每次被别的孩子打一巴掌，总是抬起头来，茫然地看外面，不知道发生了什么，再打一巴掌，头抬起来，才反应过来。这个孩子的妈妈始终不知道他在想什么，他的内在发生了什么。所以，妈妈跟儿子开玩笑说：“妈妈除了和你有爱的联结外，什么也看不明白你。”

孩子说："哦，妈妈，这是因为你的智商和我的智商差得太远了。"

妈妈吃惊地发现，自己确实没办法在认知上和儿子有一个联结。妈妈不知道孩子在想什么，从小到大，都是如此，但是他却常常知道妈妈的意图和妈妈的想法。如果有一天妈妈和他分享了一件事情，分享完，他会对妈妈说：'妈妈，你是不是又学了什么新东西，想让我接受？'妈妈听完就一下子愣住了。确实如此，他把妈妈的动机分明地说了出来，搞得妈妈无言以对。当看到电影中一位妈妈对自己儿子了如指掌，并且说：'你是我儿子，你干啥我还能不知道？'这位妈妈感慨万分，因为她觉得自己虽然真的不知道自己的儿子要干什么，意图是什么，但这都不妨碍去爱他。无论儿子什么样，妈妈只是坚守了一件事，就是永恒的、持久地爱他。

和许许多多智慧的父母相比，我们常常处在不知中。(我自己也感到奇怪，为什么自己对别人的孩子是清晰的，但对自己的孩子也总是在懵懂之中。)即使此刻，我也感觉到我在理解自己孩子方面，是相对比较弱的。即便如此，他也在我的爱中长大了。

一个男孩上小学五年级时，老师告诉他的妈妈，他做数学题时总是坐到那儿，用脑子思考。思考完了，把答案直接写下。这样高度集中的过程，他只能持续一个小时。一个小时之后，他就坚决不做了。妈妈便苦口婆心地对他说，必须用笔算，这样速度会快一些，不那么烧脑。

六年级的时候，妈妈问他："你还要坚持那样吗？"他说："是的。"

妈妈问："为什么？你给妈妈一个理由，让妈妈知道你这样做是为什么。一个小时高度集中，而且中间不能打岔，这种状态也不能长时间地持续呀。"

虽然老师说他计算的准确度很高，但这种特立独行，也会让父母产生担忧。

他说："妈妈，你知不知道世界上有一个数学家，他是用形象思维的方式在处理理性思维的模式，我就是这样的人。"

虽然妈妈对此并没有什么了解和研究，也没有办法评估孩子的状态，但每回遇到这种情况，妈妈还是会选择尊重儿子，同样心里也充满了担忧。

因为孩子的想法和做法总是特立独行，对我们来说，是崭新的，是个挑战。

我们是两代人。所以，我们所谓的理解，可能实际是允许，是没有强制，让他们按自己的意志做自己。这个过程是具有挑战性的。因为每次都是新的问题，是让你没有办法预知的未来。这就是生活的密码，是需要我们遵循的原则——无条件地爱孩子。

我经常问我们学校的老师，假如爱迪生出生在你的家里，你认为他还会成为爱迪生吗？老师说："我会把他扼杀在摇篮里。"因为大部分妈妈无法忍受自己的孩子在鸡蛋上趴一天。如果你看到你的孩子把你家冰箱里的鸡蛋取出来，放到床上趴在上面，你会怎么样？这样的孩子在学校跟老师发生了冲突，你会如何面对？你会无比自信，把他带回家，自己来教吗？想一想，爱迪生那个年代与我们这个年代的差别，所以理解孩子永远是有挑战的。

同理心

同理心，是一种父母能够感知、理解并共鸣孩子的情绪和经历的能力，它让父母能够从情感层面接近孩子的体验。同理心不仅是理解孩子的情感，而且涉及在某种程度上体验那些情感，就好像你自己也在经历相同的事情。

这里包含了三个方面的内容：情感共鸣，指能够感受到孩子的情绪，并在自己内心产生相应的情感反应；认知共鸣，指理解他人的情感和观点，能够从孩子的视角看问题；同情心，指由于感知和理解他人的不幸或苦难，而产生想要提供帮助和支持的愿望。

情感共鸣、认知共鸣、同情心，都是对人类心灵的滋养。在童年成长的过程中，如果我们的情绪、情感、苦难、不幸，得到了共鸣和同理，我们内心就会滋生出人类最看重的那些心灵品质，比如慈悲、宽厚、善良、关爱、幸福感、同情，我们把这些看作人性中最重要的品质。这些品质是在儿童小的时候，依靠我们对儿童的同理、共鸣、同情，让儿童在自己的生命里养育起来的。儿童是借由父母对他们的同理、共鸣、同情，产生对他人的这些感觉和能力的。

我们看到许多少年犯罪者，可以从许多犯罪的事实中窥见，他们的父母是何等的麻木！这些少年犯身上完全缺失了对他人情绪、情感和苦难的感知能力，麻木和冷酷得让人惊悚。也可能我们对孩子在想什么不了解，但是我们对孩子的痛苦、情绪状态和情感状态应该有好的共鸣。首先就是一种情绪上的共鸣和同理心，我们切身地感受到孩子的情绪、孩子的痛苦、孩子的感受，这一点何其重要，这意味着我们开始和孩子产生联结。共鸣和同理心让孩子美好的人性走向了光明轨道。这正是我们今天缺失的东西，而这一点可能比孩子的学习成绩重要得多。因为做到这一点，孩子就是一个正常的人，是一个富有人性的人。今天把这个问题提出来，变得尤为重要。

有一天，一位爸爸站在那儿，很生气地在训斥他的孩子。一个小小孩看到了，就被惊吓住了。老师走过去抱着他说："你很害怕，是吗？" 孩子点点头。

老师说："老师抱着你，你站在这儿看一会儿。那个爸爸很生气，他只是很生气。"

孩子便站到那儿，在老师的怀里看着。一会儿的时间，孩子便不再害怕了。

还有一个故事。

一天，孩子到了园长的办公室，园长正在处理工作，对孩子说："我在工作，没有办法照顾你。"

孩子说："你很生气。"

园长说："我不生气。"

孩子生气地说："你就是生气了。"

园长说："我是焦虑了。我有工作出现了问题，我解决不了，所以我感到焦虑。"

孩子一下子怔住了，因为对他来说，"焦虑"是一个新的概念。他想了一会儿，便离开了。

这一天，妈妈接他来晚了，孩子便对老师说："我很焦虑。"

老师抱着孩子说："我陪着你。"

老师接纳孩子的情绪，孩子也知道了自己的情绪。

父母如何有效运用理解和同理心

童年，如果孩子生活在共鸣和同理之中，他的情绪和情感的世界就被建构起来。在日常生活中，父母如果拥有并有效地运用理解和同理心，可以促进更好的亲子关系，这是孩子产生同情、支持、关爱的基石。

一年级的班里，有两三个孩子边写字边哭。因为"警察"的"警"字太复杂了，他们根本写不清楚，也无法完全写在田字格里，这半边写完，那半边又忘了，小手就捏在黑铅笔头上，手摸得黑黑的。孩子流着眼泪，就在那儿擦，擦了再哭。我跟老师说，这样特征的孩子心智还达不到上小学的水平，能不能和他们父母沟通一下，在幼儿园里再成长一年。但是父母怕“人生输在起跑线上”，还是要求孩子上学。我们只能安慰孩子：“没关系，你哭一会儿，哭一会儿就会好很多。等再写的时候，你的能力就又增强了一点。”我们只能在情绪上同理孩子。

在婴儿期和童年期，通常会用天、月和年来计算年龄，这是因为人类的生理和心理发展处于快速增长和发育阶段。进入青年期，会用年来计算。但是到了中年期和老年期，生理和心理发展相对稳定，因此更多地按照阶段来计算年龄，这个时期可能会更多地关注自己的身份和经历，因此会用不同的方式来描述自己的年龄。

对一个6岁或者7岁的孩子来说，早一年和晚一年有着非常大的不同。有的孩子发育得会慢一些，有的孩子发育得会早一些。慢和快、早与晚，这本来没有什么太大的差别，但是早一年上学和晚一年上学，就有了特别本质的差异。因为那些发育慢的孩子，小学以后可能会进入持续吃力的状态。每一个家长应该看见自己孩子的状态，不要为了某一年的状态而牺牲孩子长达十几年的生存状态。当我们步入中年的时候，没有谁会感到我大你一岁或者小你一岁有多么大的差别。但是，在童年期，这个差别就大得不得了。

基本可以观察到，那些7岁上小学的孩子，往往都是班级里的主动者。无论是在关系上，还是在班级里的主要活动上，他们都是主角，都是积极的参与者。他们在学习上也显得轻松，而且可以自主。因为大一岁，他们的心智比其他孩子的心智多发展了一年。多一年少一年，对孩子有本质的不同。

我总是能看到，班里有那么几个小孩，学习上比较吃力。根据我的观察，这种吃力不是来自智能的差异，而是来自生命发展的阶段不同，就是心智没有发展到上学的年龄。他们对许多活动都没有兴趣，像幼儿园的小朋友一样，经常在一起，从事的是幼儿园小朋友的活动。这明显是孩子没有到该上小学的阶段。了解到这一点，是能给予孩子非常重要的一种理解，一种感同身受的同理。因为，它影响的时间实在是太久了。

我自己的孩子就属于发育比较晚的孩子。上一年级的时候，他的思维还是具象思维，所以作业要求把自然数从小写到大，他便把“1”写得特别小，把“9”写满了整面纸。他的年龄还在审美和秩序的敏感期。学校留作业，要把“鹅”字写进田字格里，因为这个字过于复杂，他暂时把握不了，所以一写就超出了田字格，写不进去便擦掉。那一个晚上，他就痛苦无比地集中在了一个字上。实际上，儿子班级里有那么三四个孩子都是这样，好在他们三四个孩子成了好朋友，每天都玩着幼儿园小朋友玩的游戏。我知道，对于他来说，6 岁半上学有些早了。

同理孩子，理解孩子，不仅仅是在某一个事件上来理解和同理，还要理解孩子成长的处境以及孩子未来的发展。这样我们才可能规避一些持续发生的问题，保证孩子能够很好地成长。

爱的关系

关系是指人与人、人与物之间的联系或互动。这种联系和互动可以是情感上的，可以是家庭上，可以是工作上的，可以是社交上的……关系的基础是双方的投入和参与，相互的尊重、沟通、边界、理解和支持。

什么是爱的关系

爱的关系是一种深厚的情感联结，除了包含上面说的关系的基础——尊重、信任、支持和理解，它超越了这些基础，常常会伴随着情感的投入和奉献。爱的关系各种各样，有亲情、有友情，发生在与伴侣之间、与孩子之间……这样的关系有其重要的特征，他们彼此之间会分享喜悦和悲伤，会相互支持和照顾，会共同面对生活的挑战和困难。所以爱的关系，会让人感受到温暖、安全、幸福。持久的、稳定的、充满爱的联结的关系，对个人的成长和幸福是一种巨大的福祉。此刻，我可以深深地感受到，这种关系对于一个人来说是何等的重要，以至于它能改变一个人的命运。

10 年前，我和先生在一个海边的浴场晒太阳。我们看到了一对老夫妻，年龄看上去大概有八九十岁了，全身的肌肤都是皱褶。老奶奶趴在沙滩上，老爷爷充满爱地给她抹着防晒油。他的眼神、神情和那双满是皱纹的手，在触摸时充满了爱。我的先生惊叹道:“你看，有这样的存在，他们是如此的相爱。”你真的可以感觉到那个沙滩上都充满了爱意。

爱，不是因为年轻，不是因为激素，那就是一种灵魂之爱，你会感受到他们之间因为爱而产生的美感。可能是因为年龄的原因，会给人一种联想:他们一生都是相爱的，他们的爱是如此的稳定，如此的持久。而且，你可以感受到他们是如此的幸福。

持续的、稳定的爱的关系，会给人带来巨大的安全感。因为它的持续性和稳定性，这种关系又对人有长期的滋养和呵护，它逐渐使人向着这个方向——慈悲、宽厚、善良、关爱、无私和幸福发展。而这样的发展，最终会让人在一种安然的、幸福的、放松的时间河流中度过。这就是幸福。

每个孩子都想跟父母建立这样的关系。父母也想跟孩子建立这样的关系。这样的关系会彼此滋养，而且更容易持续和稳定。

父母和孩子之间的爱的关系，是一种独特而深厚的情感联结。它同所有的关系都有所不同。这种关系是由父母对孩子的无条件的爱和奉献所构成。父母对孩子的爱包括了对孩子的关怀、保护、支持和教导，而且常常是无私的、无条件的。父母和孩子之间的爱不仅是一种情感联结，更是一种责任和义务的体现。在这一关系中，父母不仅是孩子的保护者和教导者，更是他们的榜样和引导者。父母的爱可以给予孩子温暖、安全和信心，同时也促进他们的成长和发展。这种父母和孩子之间的爱的关系是家庭的基石，这种爱的深远性，不仅在孩子的一生中起着作用，让这个孩子获得更好的成长，他也透过自己跟父母的关系，在未来养育自己孩子的过程中继续发挥作用。

在孩子和父母的关系中常常很容易出现的问题是:孩子跟父母的关系不对等。和其中一个关系比较亲密，一个关系比较疏远。在我们现今的社会中，很容易出现父亲因为工作的原因很少在家中，母亲就和孩子“相依为命”。使用这个词汇，实际在表明这种关系是一种不健康和不正常的关系。

我们经常会用戏剧的方式展示出来这种关系，让大家可以用视觉的方式看到一个整体的情景。

可以想象一下，如果前面并排站着父亲和母亲两个人，你站在中间。父母的两只手都可以搭在你的肩上，作为你的支持者、你的保护者、你的关怀者和你的榜样存在（通常，孩子们会在行为、态度、价值观方面模仿和学习父母的品质和行为举止）。

这个感觉和下面的感觉对比：父亲离得比较远，只有妈妈和你站在一起。

这是完全不同的两种支持者和保护者的角色状态。在后者关系中，母亲很容易把情感寄托在孩子身上。原本情感的交流是夫妻之间的互动，但是变成了母亲跟孩子的互动。这是一种错位，很容易让一个孩子在逐渐成长中，认为母亲的幸福责任应该担在自己的身上。而母亲也容易在这种关系的过程中过度依赖孩子，甚至掌控孩子，而导致更大的问题。实际上，你是有两个支持者和保护者在后面支持你，还是只有一个保护者和支持者，另一个离你较远——这种感觉会一生陪伴你。“爸爸和妈妈是我的支持者和照顾者，爸爸和妈妈也是我的教导者和指导者”，这样的感觉才健康。所以，父亲参与家庭生活、参与孩子的成长非常重要。

有一次，我们学校的一个孩子大学毕业后回来看我。当我问他：“你的大学生活过得怎么样？”他思考了好一会儿，说了这样一句话：“园长妈妈，在我的生活中，我的爸爸不是我生活的参与者。我的成长是由我妈妈陪伴的。”听完这句话，我的内心五味杂陈。这个孩子已经长大成人了，他对自己的生活、对自己的内在有着极度清晰的认识。我知道他的这句话，是一句意味深长的话。

人一生的三种关系

最后，我要讲的是另外三种关系，我们一生都存在三种关系。

1. 我和他人的关系

我和你的关系是一种爱的关系，我和他的关系是一种互动的关系，是基于尊重、沟通、边界、独立的关系。

2. 我和集体之间的关系

也就是我和团队之间的关系。这种关系的核心点是沟通、合作、共同责任感，领导与从属、团队目标与个人贡献的平衡，以及团队成员之间的相互依赖、角色定位和团队精神。

3. 我和自己的关系

我和自己的关系是指个体对自己的感知、自我接纳、自我认同，以及和自己内在对话的关系。这种关系的核心是自我意识、自尊、自我接纳和个人成长。一个比较健康的自我关系，是其他关系健康的基础。所以，自我关系就变得如此重要了。

自我关系在这三种关系里，是最具有挑战性的关系。

自己和自己的关系，总是跟童年的成长紧密相关。因为自己和自己的关系是在童年和自己形成的关系的一个延续。说它具有挑战性，是因为我们的注意力常常会被拉到内在的自我批判、自我怀疑中，我们也需要经常检视我们自己的价值观（可能许多人并不知道自己的价值观有哪些）和目标。此外，我们没有成熟的情绪，压力和焦虑等都会影响我和自己的关系。

与此同时，一个人对自己的认识、对自己的接纳、对自己的爱，都需要用很长时间来练习，寻找那条自我救赎之路。我们许多人在成长的过程中错失了向内看的机会，而且错失的时间非常久。有可能是经历了二三十年的历程都没有回观自己，没有自我观察的习惯，所以对自我几乎是不了解的。我们常常在内在进行着一场又一场的争斗和战争，所以和自己的关系是最艰难的。我在本书的最后一章中，详细地描写了自我如何走一条自我观察的路。

这三种关系都是独特的，而且都是富有挑战性的。然而，这三种关系里，我看到的是，在“我和自己的关系”中寻求一条自我救赎之路，那么，其他两种关系就会自动地变得好起来。当然，也不是完全这样。爱总是一个奇迹，在爱的关系里，所有的一切都会在爱中改变。

最后，我引用马丁·布伯的著作《我与你》中关于关系的一段论述：

在我—你关系中，个体以完整的存在与另一个存在直接相遇，没有任何预设的期望或评判。这种关系不是工具性的，即人们不是出于某种需要或目的而相互接触；我—你关系强调双方的互相承认和尊重，认识到对方的独特性和完整性。这种关系是无条件的、不受限制的；我—你关系发生在真实的存在时刻，是一种即时且不可重复的经验。它超越了时间和空间的限制，涉及深刻的情感和精神联结。

我把这种关系称为爱的关系。儿童出生之后的头6年，几乎全部在使用这种关系，以此来发展自己。

第六章

用爱创造生活

爱的创造

爱蕴藏在哪里

30 年前的一天，我怀着身孕正在上楼梯，脑子里突然冒出一个情景，使我顿足定睛，我好像看到我的孩子正拉着我的手，坐在楼梯上纯真而好奇地问我“妈妈，什么是爱？”我看到自己茫然地看着孩子，不知所云。

当时，我的生活正沐浴在丈夫全身心的爱中，而且在我的身体里，正满怀喜悦地孕育着一个新的生命，他使我充满了爱。这样一种生命状态，我竟然从未思考过“什么是爱”这样一个问题。

——这个问题重要吗?

——必须考虑它吗?

——它对我、对我们每一个人，到底意味着什么?

——它对所有的生命到底意味着什么?

——不考虑它，是否生活就会出问题?

当我这样思考时，在我的生命中，就此产生了一个好奇：爱蕴藏在哪里？它就在生命中吗？也许我可以从对婴儿的生命体验中寻找到它，这一定可以正本清源。

从那天起，我就开始了一段31年寻找爱、实践爱的心灵旅程。我和我的团队也一同实践了这个过程。学习爱和体验爱，使我们所有的人——孩子、家长和教师团队都因此获益，并由此改变了我们的生存状态和生活。

非常奇妙的是，经历了这样的过程，我才逐渐领悟到，这其实是一个体验爱、经历爱、还原爱、还原生命和矫正概念的过程。这一切大部分是源于作为参照物的儿童，是他们松动了我们的生命系统。这使我发现，儿童对于成人来说，是生命的又一次成长机会，就如同一条沉寂的河流，突然又缓慢流动了起来。封冻的生命之河再一次开启，心灵的世界重又被打开，世界在两岸又变得新奇和有趣。因为这样一个过程，而使我体验了爱。

看，“爱是什么”这个问题起始于孩子，我期望再回到孩子那里去。

有一次，我问一个8岁的孩子：“人为什么活着？”

孩子迅速而确定地回答我：“和动物一样，繁衍后代。”

我问：“没有其他的意义吗？”

孩子说：“意义都是你自己赋予的。”

我在内在的惊叹中叹息良久。

“意义都是你自己赋予的”，这句话意味着人是有意识的，人的意识是自主的，自主的意识是可以选择和创造的。

这说明我们拥有所有生物的特质，但同时又拥有只有人才拥有的特质——意识。是的，我们和地球上其他的生命一样，繁衍后代，以期使我们这样的物种可以繁衍下去。但除此之外，精神的发生由人类开始，并在人的身上不断进行着……我们不仅作为个体精神的存在，个体精神总是会汇集在一起，成为一种集体意识。所以，我们还生活在一种集体意识之中——文化，文化是个体精神的聚合。

文化是一种集体意识的现象。我们生活在不同的国家、种族和家庭的文化之中，我们人类最根本的，是一种意识的存在体。作为人类，我们是否可以很好地繁衍下去，其根本点取决于我们的意识状态是什么样的。

而在所有意识的形态中，爱是最高的意识。我们的未来如何，又取决于我们如何对待我们的孩子。这正是我真正的目的所在——善待我们共同的孩子，用爱来创造我们的生活。

爱是什么

歌德说："人们只能认识自己所爱的，激情越强烈、越充沛，认识就越深刻、越完整。"

我们先从"爱"这个词汇开始说起。

"爱"——在你读到这个字眼时，你内在的感觉是什么？它触动了你什么？你是惯常的、习惯性地读出了它，还是内心躲闪着这个字眼？你的理解和记忆是什么？它代表着什么？

一位记者问一个5岁的孩子："爱是什么？"

孩子说："那不好说。"

记者问："是不好说，还是不好意思说？"

孩子说："不好意思说。因为那恶心！"

记者问另一个孩子："你知道什么是爱吗？"

孩子咬着手指说："就是让人抱一抱。"

记者问："你想让谁抱一抱？"

孩子摇头说："不想。"

此刻，你可以随机性地问你碰到的某个人："爱是什么？"我刚才就问了一位男士。

他说："噢，这不能随便说，不觉得肉麻吗？"他的身体呈现一种别扭和掩饰的姿态。

我问："你这样认为？"

他说："不是我这样认为，99.99% 的人这样认为。"

我们不管这个数字的真实性，他在告诉我们，大部分人认为"爱不好说"。

这是我们文化中对"爱"这个普遍性的、核心性的、终其一生的、真理性的，以及使我们人类强大地延续下去的字眼的一个描述。尤其是这样的描述通过一个孩子的口讲述了出来，就更能说明它已经成了我们一种根深蒂固的文化状态。

在我们的文化习惯中，"爱"这个字眼在生活中基本不常被提及，不被说出口，常提及这个字眼的是恋爱中的女人。"爱"被局限在一个非常狭小、有限、本能、某种属性的范围内，并且也时常被局限在某一个特定的年龄阶段，甚至和龌龊、暧昧、非正常关系牵扯在了一起，因此"爱"就羞于被我们说出口，尤其是羞于被男人说出口（容易让人产生联想）。这种意识状态在今天尚没有多少改观。我怀疑，我们是否把一种外在的现象，一种本能的欲望，一种身体的、情感的需求和感觉，和"爱"混淆在了一起。我们把这些称为"爱"，以至于在几千年内都没法使"爱"这个伟大的精神真相，在我们的文化中彰显于世。

对于人来说，文化是核心。人出生之后，文化——这种集体意识——

体现在每个人的吃、喝、住、行之中，它会在潜移默化中渗透和潜伏到你的生命之中，在意识和潜意识中，不知不觉地、神出鬼没地同步造就你。因此，大规模的个体精神的创造，会改变我们的文化。我们要创造一个新的意识——爱的意识。这就是进化。

哲学家马丁·布伯说："爱是盈满世界的作用力。谁置身爱之中，凝视爱，那么世间众人都不再是劳苦恣睢的蝼蚁。"他还说："爱的特征之一，是在所有感觉里都寻不到的，即爱人者无差别性。无论是身份卑微的小人物，还是位高权重的大人物，无论是终生受宠的幸运儿，还是出于对众生之爱、有勇气和能力做出极限抉择、在苦难中修行的人，他们都是一样的。"

爱是什么呢？

如果我们从生物学的角度来考察，"爱"是一切生命的属性，是大自然在生命中的一种设计。虽然各种各样的生命所呈现的爱的方式不同，但本质是相同的，那就是为使自己的种群繁衍下去而产生的利他行为。

在动物界，尤为表现在对幼崽的保护、照顾和呵护上。尽管从生态学的角度，或者说从"外面"的角度观察认为：生物是适者生存、优胜劣汰的竞争结果。但从生命"内在"得出的结论是：生命，所有的生命，是"爱"保存下来的。你可以看看纪录片《帝企鹅日记》，帝企鹅在保护、照顾新生命的诞生和养育过程中所呈现的景象，其壮丽性、神圣性、悲怆性，令人叹为观止。然而，在对待其年老的动物上，动物遵循的是自然淘汰的法则。

回到人类身上，人类之爱是什么？从地球最初的形成，演化到生命的形成，然后是人类的出现，在这三个不同阶段的演化中，意义重大的是人类的出现。有了人类的意识，才可以呈现宇宙的本质——宇宙是意识的。地球作为物质形态形成至今的演变，直到人类精神的存在才使地球的意义产生了巨变。

在地球上，人类是所有物种进化的最高端。人有别于动物的根本之处是，人拥有生命圈内唯一的一种特质——精神。这种特质导致了人类成为这个地球的主宰，站在演化的顶端，而且将以此特质继续发展下去。也就是说，我们人类将以精神作为演化的主旨。精神的进化正以我们不知的速度迅猛地推进，它呈现在个体的身上，是以个体的“自我意识”的状态出现。人从动物的归属中升华出来，成为一种伟大的存在，人是精神体。

由此我们知道，爱，具有生物性的普遍特质，同时人类之爱完全不同于任何生物层面的爱。因此，人类之爱不仅呈现繁殖和生存的特质，人类的爱也表现在只有人才拥有的精神特质上、心灵的成长和意识的演化上，并且这种爱呈现在从生到死的整个过程中。因为只有人类从生至死都在创造着自己，都在不断的成长之中。因此，我们是否可以这样说，人类的爱，是关注人不断体验成长的过程和经历。

所以，如果我们把爱和生物的特性混同起来，说到爱，就和本能、成熟的性、两性关系，以及一些较为原始的情感和心理（例如哺乳类动物就有较为丰富的情感和心理需求）的需求混同在一起（爱当然也包括了性爱和情爱），对于人这种更加高级的精神体来说，局限在这种状态中，就会本能地、莫名地羞于说出口，这当然是正常的事情。我们把爱限制在了动物，甚至比动物更狭隘的范围内，这对人类这种物种的演化是极其不利的。因为人类已经超越了作为动物存在的状态，进入精神的演化中。这是两种截然不同的生命境界。

爱是人的一种意识状态

我们尝试着从认识两个世界来开始认识“爱”。

一个是“外面”的世界，有形、可触摸、可观察，我们称为客观的世界。即使我们在倾听别人的心理和情绪时，相对于“我”来说，对方也是客观的。但还有另一个世界的存在，一个是“里面”的世界，或者“内在”的世界，一个是生命的、心灵的、感觉的世界。它无形，只有通过自我的感觉来完成和发现。你不再作为一个旁观者的角度看世界，而是回到你自己的、内在的、生命的、感觉的世界中，你可以感觉你的感觉、感觉你的情绪、感觉你的心理、感觉你的思维、感觉你的精神。最聪明的动物也只能认识它之外的世界，只有人可以认识他自己内在的世界，他知道自己与所有的人都不同，他可以内观和感受自己内在所有的一切。由此，他开始把握他自己的命运。

爱就产生于这个“内在”的世界，并由每个人自己体验和经历。

你发现这个世界了吗?

由此，“爱”这个词汇，指向和描述内在的、生命的、心灵的世界，它是生命和心灵世界的一种至高的感觉，是生命世界的根本，因此也是“内在”世界的专有概念和内容。

“爱”是世界上最美妙、最全息、最深刻、最纯粹、最伟大的体验和经历过的真实，而且是一种持续性的体验和经历过的真实存在。借由体验和经历的真实，爱成为一种人的意识状态。它超越年龄、本能、道德、自然和真理。它是生命进化的法则。爱适用于从生至死的全部过程。这意思是说，我们没办法从头脑的层面理解爱，没法想象爱，没法从语言中明白爱，没法被教导出爱。我们必须体验和经历这种存在的真实，就知道什么是爱了。如果没有体验和经历，我们将永远无法知道爱是什么，任何语言的描绘和理解上的尝试，都是徒劳。

如果爱是一种体验和经历的真实，那么就一定和感觉有着至关重要的关系。这是不是说，爱是一种持续性的被感觉和被经验的过程?

这样，我们就不得不阐述一下感觉：

• 我们有身体的感觉：疼痛感、舒服感、焦虑感、轻松感……

• 我们有心理的感觉：焦虑感、安全感、快乐感、渴望感、被欣赏感、被认可感、价值感……

• 我们有精神的感觉：美感、真实感、空虚感（满足感）、无聊感、无意义感（意义感）、孤独感……

• 我们有灵魂的感觉：爱的感觉、宁静感、喜悦感、创造感、自由感、慈悲感（慈悯感）……

这样，我们每个人都可以明晰，我们是身、心、灵的复合体，我们就不会认为精神的感觉和灵魂的感觉对我们来说是神秘的、遥远的、陌生的。这些感觉都是我们的一部分。我们的感觉越精微，我们对许多感觉就越发熟悉。

感觉越精微，次第越高；感觉次第越高，越可以贯穿更低的次第。比如，精神和灵魂的感觉，可以贯穿在身体、心理的层面；精神和灵魂的感觉，同样可以贯穿到物质层面和生命的层面。所以，爱可以穿透任何物质的、生命的、心理的、精神的领域，它是全息的。

爱是我们的身、心、灵感觉得到的。身体有感觉，心理有感觉，灵魂被滋养，以此联合我们所有的存在。

用爱创造你自己

创造是什么？

大家知道电脑是被创造的，思想是被创造的，文学作品是被创造的，但是你有没有想到，你作为一个人最本质的内容就是，你每天都在创造自己？

今天你穿什么衣服？你为什么去买这件衣服？你为什么把头发剪成这

样？你为什么在家里说话是那样的语气？你为什么今天选择说这样的话，或者选择说那样的话？你为什么这样选择而不那样选择？……每分钟你都在用无数种方法告诉自己“我是谁”，这就是自己创造自己的过程。

如果这个逻辑的推理是正确的，那么你要基于爱而创造你的生活。

基于爱的创造是什么样子的呢？

最高级的创造莫过于爱。你一生所拥有的最激动人心的两种爱：一种是恋爱，一种是你对孩子的爱。

也许你会问：“父母的爱呢？”父母的爱之所以没有那么激动人心，是因为作为孩子，你还处于一种被动的状态，你的注意力不会聚焦在被爱上，而是借助爱聚焦在成长上。但是成人后的爱与被爱，是一种自我主动的状态。而且你已经可以高度集中在这种爱上，身、心、灵全方位地体验。爱不是作为一个附带的条件。爱，在成人后被完全地剥离出来，像一朵花，在你的生命中绽放。

你对孩子的爱，是你的天性中滋生出来的爱，这个爱带着巨大的创造性。因为你从来都不知道，你孩子的明天是什么样子，你永远不知道他未来是什么样子。无法知道他未来是什么样子的，这对你来说，意味着你永远都在没有固定状态的创造中，而且永远都是持续性的。也就是说，你在生下他的那一刻起一直到你离开，他都是你生命中的一个主题。

基于这样的原因，我们需要用爱来创造我们的生活。因为用爱来创造我们的生活，会让我们的生活改变，把恐惧排斥在我们的生命之外。上下五千年的历史当中，我们只有在近几十年的时间内渐渐不再为衣食而担忧，在这之前的几千年的历史中，我们都在为如何活下去而产生种种忧虑。就好像我们头顶上始终高悬着一把生存的利剑，你时刻担心利剑会掉下来。所以，我们对于孩子绝大多数的选择都是基于内心的恐惧作出的，这样的选择会把孩子推向求生存的轨道。

今天，在我们经历了漫长的几千年之后，已经解除了生存的困境，我们衣食无忧，生活处境变了，生存的局面也变了，但是我们的心理和意识却没有改变。我们一边丰盛地生活着，一边还在为生存担忧着。我们应该改变一下历代父母给我们的经验，重新用爱的方式来面对我们的孩子，用爱来创造我们的生活。

爱的历程

如果一个人明确地需要爱，这就是他精神和灵魂的声音，以此感觉自己的存在。因为人必然需要爱，灵魂的功能在于无止境地创造一个人。对个体来说，这是成长；对群体来说，这是演化。爱的需要贯穿我们的一生，以此来使生命持续成长。

第一阶段：爱的基础应该是被爱

从出生开始，婴儿基本在自己内在的生命的世界里，成长、发展、建构和创造一个自己。婴儿还没有思维，一切都与身体、感觉和情绪有关，所以婴儿只能感觉、体验和经验。这个基础就形成了人最早的经验。孩子以此逐渐创造着自己，认识外在的世界，这要用漫长的 18 年来完成。而生命的状况如何？对外面的世界的理解和认识如何？取决于一个孩子获得的爱有多少。爱使一个孩子充满勇气地去成长和创造一个完整人生的个体——自己，爱也使孩子充满了对外在世界的探索和扩展。

作为父母，你可以仅拥有生存之爱，你可以只照顾孩子，像母鸡照顾小鸡那样，我们也将之诠释为爱。从另一个次第来说，这样的爱没有错。但是一个孩子成长到5岁时，这样的爱已经完全不能满足孩子了。

5岁之后，儿童的成长主旋律就是精神，因为孩子所有成长的部分——吃、住、行，都开始吸收文化的部分，也开始形成意识。儿童不仅需要生存之爱，也需要精神之爱。

18岁后，孩子会用这个创造好的“自己”走向外在世界，然后体验、理解、建立对外在世界的经验、智慧和见识，由此拥有了内在和外在的两个世界。或者说是，一个完整的世界，在一个生命个体的世界里，完整地形成了。这需要持续性的体验和经历爱的历程。

什么是“持续性”？

用语言来举例，爱是需要用语言表达的。语言最重要的使命是表达爱和阐述真理，而不是用来抱怨和指责，或者说废话。用语言表达“我爱你”，不是偶尔表达一次，不是几次，这叫偶尔表达爱，也不是断断续续，时而表达，时而忘记，而是持续表达。持续表达的意思是指，你要对孩子说一万遍“我爱你”，说一万遍，每天说两遍“我爱你”需要花15年说完。而且，你需要有感觉和体验地说出，听者——孩子，要感觉和体验到爱，这就是持续性。

也许你说不出口，不习惯说，因为没有人对你说过。那么就学习着说，或者假装说，这也比不说要好。假装说一千遍后，假装的成分就转成了自然，如此越来越有感觉。我们可以先在语言方面用爱改变生活，改变我们孩子的生存状态和模式，把指责和谴责孩子的话变成爱的语言。当基于爱时，我们的假话、虚话、废话也就逐渐变得少了些，再少些。

在以上的内容中，我们强调了在0～18岁获得爱的过程。但是，我们并没有描述儿童在获得爱的过程中，怎样练习爱，怎样回馈爱，看上去似乎“爱”变成了一种单一的模式。实际不是这样，爱激发了孩子内在的创造热情。这句话的意思是说，儿童把从爱中获得的能量放在了自我的成长中。所以儿童最早先是通过关系中爱的互动的获得，来发展和扩展自己的认知，来建构自己的情感世界，来选择自己意识状态的发展方向，来奠定和自身之外所有人和物的关系的。这些都是儿童基于爱的力量而自我建构的过程。

幼儿在三四岁的时候，就开始热爱小动物。这个信号在告诉我们，儿童开始对已获得的爱产生了一种回馈和呈现的欲望需求。他们用父母爱他们的方式，爱比他们更弱小的生命，照顾比他们更弱小的伙伴。你可以发现，所有的孩子都不会把狗狗当狗，把小猫当猫。在他们的眼里，小动物跟自己是无差别性的，是同胞，是兄弟姊妹，是自己的孩子，这种意识恰恰是爱给予孩子的平等的生命意识——无差别性。

等到进入学校的时候，孩子也用父母给予他们的爱的方式，和自己的伙伴产生着交流和交往。与此同时，他们也基于获得爱的方式，获得爱的多少，来选择自己的生活目标，来激发自己探索的兴趣。这正是儿童将自身所获得的爱进行互动的一个过程。

最近一件事感动了我。

2024 年 2 月 28 日是加拿大的“粉红衬衣日”，所有的中小学生都会穿粉红色的衣服去上学，不管是男生还是女生，很多社会人士也会响应。这一天，学校的邮箱反复提醒，所有的学生都要穿粉红色的衣服上学。原因是 17 年前，新斯科舍省一个九年级的男生，穿粉红色的 T 恤上学，被嘲笑是同性恋而受到欺负和恐吓。两个十二年级的男生看到了这件事，他们觉得面对校园欺凌不能坐视不管，但也不想用语言冲突或暴力解决问题。他们用自己的积蓄，买了几十件粉红色的 T 恤分发给同学，并发布信息号召同学们第二天都穿粉红色衣服上学。第二天，整个校园变成了粉红色的海洋，那个被欺凌的孩子来到学校，看到这种景象，心情非常激动，他感受到了同学们的善意和支持他的力量。后来这个由孩子发起的运动，得到了校方和社会各方的大力支持，蔓延到了整个加拿大，甚至另外的25个国家。从此，每年2月的最后一个星期三被定为“粉红衬衣日”，也是反欺凌日。

我之所以举这样的一个例子，是因为这个真实故事中的孩子，一定是经历了漫长的爱的过程。爱已经造就了他们，爱已经使他们能够选择自己生命的方向，把自己的爱的意识，透过自己的行动向外面的世界扩展，以至于影响了一个国家，扩展到了25个国家。爱的力量之大，超越了国界。

我们要创造一个环境。我们就从自己和自己的孩子开始创造，从自己的家庭开始创造，然后扩展到大的环境中。这就是用爱创造我们的生存环境。

这就是爱的第一阶段——0 ~ 18岁。这是最重要的阶段，爱的基础、所有的爱始于此。

第二阶段：爱自己

有了第一阶段的被爱的体验和经历的真实，才会产生爱自己的体验和经历的真实。被爱后，必然是体验爱自己。爱自己是何等的重要，爱自己才拥有反省能力，或者说才拥有“自我意识”。

法国思想家泰依亚·德·夏尔丹说：反省是指意识获得转向自己和支配自己的能力。如同“自我意识”，反省是一种内观自己、感觉自己、和自己交谈、亲密自己，陪伴自己的能力，本质上它是爱自己的能力。

每个人都应该知道，人从根本上是“独自的”，即使你和他人在一起，你依然始终在和自己内心的世界在一起。你的世界永远是你的，没有人完全知道你的故事。你的无意识的寻找，你的有意识的等待，同样是你的。你所承担的一切，无一不是你的。你的情感，你精神世界的丰富，还是你的。你的意识、你的情怀、你的每一个感觉和变化，你的心理、你的精神、你的悲伤和喜悦……无一不是你的。你是自己内在世界最忠实的读者。

你只是在学习使用这样的体验和经历，只是将它转向了自己。即使你觉得自己很笨、很丑、很无能，你也同样爱自己、容纳自己。这是一个基于爱的体验而对待自己的基础。这个基础就可以使你非常好地活下来，活着就开始有了真正意义上的关注、爱和意义，成长就成为一生的乐趣。

爱自己是一种和自己极深的亲密，是对自己内在一切的观照、坦诚和真实，当然还有接纳。那源于被爱的体验、爱的体验和经历的真实，已经融入你生命的深处，和你的灵魂相遇，虽然这也是一种体验和经历，但爱自己的体验已经转化成了你的意识状态。所以，你既用这样的体验感受自己、接纳自己、领悟自己、宽容自己、等待自己、对待自己，你同时又用爱的意识来审视，生命就此开始了独立的历程。

爱自己是一个生命独立的标志。

你终将在理性上清晰，你一生和自己相伴的时间是最长久的。从根本上说，从生到死，你都无法和自己分离。你如果不学会和自己亲密、相伴，你如何走完自己的人生？

爱自己，最终你还会发现一个巨大的秘密：你的人生就是你自己的。这是多大的财富呀，你要开始学习为自己负责任了。由此，你成为自己人生的主人，你便开始把握自己的命运。

一个人只有体验和懂得爱自己，才会爱别人。爱自己是爱的第二阶段。

第三阶段：爱他人

意识是一种稳定的进化状态。爱的意识在经历和体验的过程中，达到了意识的状态，爱他人才成为真正的可能。这是生命成熟的标志。

爱他人，这是进入了一种关系。真正的爱不基于需求而爱。不企图改变他人而爱，不是掌控，不是照顾。爱他人，就是尊重他人所存在的一切，作为他人的参照物，让他发现自己，创造自己，呈现自己，全然做自己。并且，你自己也在和他人的爱的关系中，创造着自己，扩展着自己，做着自己。关系的核心是在彼此的爱中，真实而本质地发现自己，展开自己，创造自己，发现新的自己，发展新的自己。

爱他人是指改变和创造自己，但支持和尊重别人，由此我们找到了关系的真谛。

你开始真正爱上别人，自由而自强，而不是一个软弱无助的索取者。

第四阶段：爱世界

这是生命走向“道”的过程。这意味着你既是一个个体，又是整体的一部分，你跟一个整体相互联结。你如何容纳这世间万物呢？你内在的空间究竟有多大呢？所有发生的，所有存在的，你都接纳，你可以接纳所有。这种对自己跟更大的整体相互联结的能力，是一种更加精微的觉察力。它是在内在发生的一种意识状态，它永远无法通过外在了解，除非你体验和经历，否则就不是真相。

爱成为灵魂的特质、面向和“语言”。由此：

- “爱”不是一个词汇，但可以用词汇的形式表示；
- “爱”不是一种理解，理解是头脑层面的，爱是体验；
- “爱”不是一种原始的感觉，但爱必须被感觉；
- “爱”不是一种情绪，但爱是最宁静和最喜悦的激情；

·“爱”不是一种照顾，但爱可以透过照顾来传递；

·“爱”也不是一种作为母亲和父亲的本能，那是动物的状态，而非人类的；但爱能使父母借助爱孩子使自己的生命升华。

爱是在人类进化过程中，不断学习、体验，逐渐发展出的人类生命中的精神特质。

我们试着这样想：如果从“我”这儿开始创造爱，从“我”这儿开始创造爱的生活，从“我”的孩子开始，让“我”的孩子生活在爱中，这就意味着你创造了一种强大的生存，创造了一种你此刻的生活、孩子的生活，创造了一种未来的生活。你终于可以远离世世代代生活在噩梦一般的负面的、无爱的生活中；你慢慢地将会在爱中走出来——你走了出来，如同人类从类人猿中脱身而出一样，这将是一个巨大的进化，一个人类意识和精神上的进化，一个新的纪元——我们将走向一个人与人彼此相爱的世界，一切规则都以爱作为出发点和原则。

但是，在这一天到来之前，我们必须首先进化我们自己，让我们自己的孩子得益于此。以我们自己的家庭为原点，这是我们创造爱的生活的开始。

心理学有一个普遍的共识：人类所有的问题追根溯源都是缺乏爱。爱，对于一个孩子来说，意味着很好地“活下来”；意味着喜悦、幸福、智慧、快乐、高自尊地活下来，而且充满希望和强大地活下去。

爱的唤醒

当我们阐述完爱的理想过程以后，我们不得不回到现实中，来回观我们绝大多数的人生，实际是在缺失爱的过程中长大的。基于这个原因，我们才不断地、重复性地说爱的重要性。爱是生命的法则，爱可以创造一种更为幸福和愉悦的生存环境。但是，我们都缺失爱。

“缺失”和“匮乏”是我们今天这个社会，也是我们每个人人生的一大疾病。因为缺失、因为匮乏、因为无爱，会把我们导向一个更加窘迫的处境。匮乏的感觉，会吞噬我们的心灵，会让我们的世界变得崩溃、焦虑、暴力、进攻、恐惧和不安。这样的例子太多了。犯罪心理学告诉我们，绝大部分罪犯，忆起童年的成长历程，他们都是严重缺失爱并备受虐待的人。

一个社会的文明是基于爱、基于秩序而呈现的。一个获得爱富足的人，也是一个更加敞开、更有创造力的人。我们也知道，某些调查发现，那些在学校里调皮捣蛋、无法安心学习和成长的孩子，大部分都是缺失爱的孩子。这种例子不胜枚举。

如果你能够观察孩子，就会发现那些缺失爱的孩子，是多么渴求爱，会感到多么的不安全、焦虑、恐惧。你面对人类的幼儿，就好比你面对一只动物的幼崽：一只刚刚出生的雏鸟或一只刚刚出生的狗崽，当它蜷缩着、恐惧得全身发抖的时候，你便天然地会产生一种爱意，想要呵护它、照顾它。这就是我们人生的一个设定。大自然在设定我们一生的时候，把唤醒爱设定在了我们从生到死的整个过程中，这真的是一个奇迹。

前面说过，我们大部分人都是缺失爱的人。这样的缺失，可能会持续 18 年。如果家庭没有太大的变故，父母对待我们的模式是同样的，我们就会在这个模式中成长到 18 岁。这 18 年的成长是基于原生家庭给予我们的爱（无论多少）。一旦我们离开了原生家庭，独立走出来的时候，过去的经历就变成了我们的人生背景。从 18 岁开始，我们带着这样的背景，开始寻找爱，渴望爱，爱与被爱就变成了一种唤醒你生命的模式。从此之后，生命就开始透过一次又一次的爱情机缘和经历来唤醒你，来赐福于你，来让你寻找你这一生的缺失，用你可以做主的方式，来完善你的人生。

恋爱之爱

18 岁以后，你开始产生了爱别人的想法，以及被爱的愿望。这是你人生中最充满磁性的一种爱，因为它贯穿了你生命的所有激情，贯穿了你的生物需求。你对性的欲望和你生命最年轻、最理想、最美好的激情，会在这个最敏感的时期产生。

我曾经看过一部电影，一个充满激情的、青春的女孩在朗诵着一首诗："所有的一切，所有的一切，都是第一次。……"没有人生的负担和压力，孑然一身，从原生家庭中走了出来，终于可以自由地去爱，去创造自己的生活了，去寻找爱，去爱别人和被爱。你由此体验到什么是爱，爱的感觉是什么，给予别人和获得爱的感觉又是什么。

但是恋爱，总是不会一次完成。一次又一次的恋爱，在你的青春岁月中不断发生着，既给你幸福感，也给你挫败感。我们很难找到一次性成功的恋爱，然后组成家庭，然后有一个幸福的婚姻。为什么呢？因为我们是带着原生家庭的成长背景来相爱的，因为我们是带着爱的缺失感来谈恋爱的。而恋爱的过程有一个使命：爱在扩展。爱在让你的认知成长，爱也在修补你的匮乏和爱的缺失。

记得我一个朋友曾经说过："一个幼稚的人，让他去谈一次恋爱吧。谈完以后，他就成熟了一步。"这个说法是有道理的。这个道理在于你必须带着觉知去恋爱。否则，你便会失去这次恋爱，然后在你的生活经历中再重复进行。一次又一次，一次又一次，你的痛苦让你发现这个秘密了吗？

我在年轻的时候，曾经暗恋上一个人。但是对方却总是不回应我，我感到无比的痛苦，同时也感到自己不够好。我努力辨识我的痛苦，结果痛苦让我锁定在了"自己不够好"上，或者叫"自卑"这个命题上。我知道，如果我带着自卑的感觉和对方交往，那么关系一定会出问题的。可是，我就是自卑，因为他越不回应我，我越发觉得自己不够好。

一天，我在过马路的时候，一下子捕捉到了我的自卑，捕捉到了自卑在我心灵的位置。我迅速地走到了一个安全的地带——马路边上的绿化带。我闭上眼睛，完全沉浸在那个自卑的感受中……我穿越了我的青年，我穿越了我的少年，我穿越到了我的童年，停在了我的童年……我看到，我是那么渴望被妈妈看见，我是那么渴望得到妈妈的爱，我是那么渴望妈妈能够回应我的渴望……那一刻，我释然了。

我发现，我是因为他不回应我，而死死地抓住了这种关系，他引出了我童年的创伤。这样的觉知使我走了出来，暗恋就这样结束了。也许另一段关系会重新开始。但是，我的生命已经从这一缺口、这一坑洞、这一匮乏中走了出来。尽管还有无数个匮乏、缺口和坑洞等着我，但是这个经验对我的生命是至关重要的。我获得了这个暗恋一个人的礼物，我成长了。

许多人在年轻的时候，经历了一次又一次的恋爱。有些人喜欢有妇之夫，而且这种恋爱一次又一次地重复，直到中年的时候还没有完结。这就是生命给你的一次又一次的机会。当你过不了关的时候，它就一次又一次地重复这样的经历，直到你发现那个爱的秘密。

如果从生命的角度来看，这些经历就是你的财富；如果从社会的角度来评判，你就会被放到一个审判台上。但是爱是无差别的。这个无差别不仅表现在你跟其他人的关系上，也同时表现在你和自己的关系上。你要爱自己，而不是审判自己。你要从一次又一次的经历和生命的历程中，找到自己的爱的礼物。每一次生命的经历都是有意义的。而只有爱，才会让你得到成长。

婚姻之爱

婚姻为我们带来了一段确定的关系。我们可以有精力、时间和空间，在这种关系中滋养、修补和完善我们自己。在这里要强调的是，这个关系是一种爱的关系。

我记得曾遇到一位男性，他的童年成长得非常不好，而且受过很多的虐待。幸运的是，他成人后，找到了一位非常爱他的女性。这段关系给了他巨大的滋养，使他在漫长的几十年的婚姻关系中，不断地修补和完善自己。以至于他事业有成，家庭幸福，孩子也成长得很好。在爱的关系中，所有发生的一切，都会得到弥补和完善。这段爱，给了他生命的活力，扩展了他生活的勇气，让他愿意为这份爱、为这个家庭、为爱所产生的孩子去努力，去负责。这正是婚姻中的爱给一个人的生命带来的变化。

无论我们的婚姻是幸福还是不幸福，我们都可以锁定以下两个命题。

第一个命题：基于爱而做出决定。这个命题实际非常具有挑战性，因为基于爱而做出的决定，往往是你不曾发生过的，往往是未知的，往往是跟你的情绪相背离的。但恰恰是这种选择让你的人生轨道产生了变化。

第二个命题：请相信，你生命中发生的一切，都是你的财富，它向你发出了一个成长的信号。你要抓住这个信号，来完成你这一次成长的使命。它的可爱之处就在于，当你没有抓住这个信号的时候，它的信号灯就在永无止境地闪烁着，引领你走向它。

亲子之爱

恋爱的结果是结婚，开始繁衍后代。当孩子出生的那一刻，他会唤醒你生命中尽可能的爱，这是大自然赋予婴儿的一种能力。而这种能力的赋予更多是在 0 ~ 6 岁，甚至可以把它缩短到 0 ~ 3 岁。因为只有婴儿期的孩子才具备这种生命的能力。这一次，是你借助爱孩子来成长的。

一个重大的机会，你会一遍一遍地感觉："我的孩子，我生命的延续。"这个小生命，无论是哭声还是一个哼哈声，一个微笑还是小手对你肌肤的触摸……每一个细小的动作都会把你的爱唤醒，这是何等的奇迹！然后你在这样的唤醒中，和孩子建立起了一种深刻的联结。这种联结和这种关系，将是你一生中最持久、最漫长、最固定的一种关系，也是最充满爱、幸福和痛苦挣扎的关系。

这种关系在漫长的岁月中，一直挑战着你，一直让你觉察着自己。无论是爱还是冲突，都在激发你生命的一个点：你是否以爱的状态在面对他。这是一个试金石，如果你在无数个冲突中依然能回归到爱这个命题上的时候，你的觉察就会越来越高。因为回归到爱这个命题上的时候，会迫使你思考，会迫使你觉察自己究竟发生了什么，会迫使你面对自己的焦虑和恐惧。因为只要你一回归到爱这个命题上的时候，孩子带给你的挑战一定是在扩展你的接纳度，扩展你的认知领域，扩展你的包容度，以及扩展你对生命意义的思考。当你扩展你的认知、包容、对生命的感受和理解时，你就已经在弥补你过去的“坑洞”和“缺失”了。这个关系是如此的漫长，如此的熟悉，如此的充满爱和充满折磨。他就在你的生命里跟随着你，直到你死亡之后，他也是你的孩子。这就是生命给我们的另一个礼物。

可是很多父母，在孩子刚出生的时候，就把这个小婴儿送给了别人去带，然后就错失了通过这个婴儿唤醒自己生命成长的机会。联结断了之后，孩子长到一定年龄，再接回来，这个孩子就不再是你的孩子了，只是寄养在你家里的一个陌生人。因为你跟他没有建立那种生命深处的联结和情感。

我记得看过一篇文章，是一位医生写的他和爷爷的故事。他从小被送给爷爷带大，上学时被接回到了父母的身边。因为整个童年都没有在父母身边生活，所以再回到父母身边的时候，孩子对父母来说是陌生的，父母对孩子来说也是陌生的。他们之间就没有爱的产生。所以孩子一到放假，就往爷爷家跑。上中学时，因为孩子和父亲产生了冲突，父亲在愤怒之中打了孩子，打断了孩子的肋骨。爷爷见到孙子的时候，流着泪对儿子说：“你真狠呀！”

看到这儿，我就知道，除了父亲自身的原因之外，还说明他在打一个陌生的人。因为父亲生命里累积的暴力，因为他错失了这个孩子的婴儿期，他对孩子的爱从未被唤醒过。但是孩子唤醒了爷爷的爱，爷爷跟孙子之间产生了一生的联结和爱的关系。

也许“生存”很重要，也许工作也很重要。但是，什么样的重要性能超过生命的重要呢？没有了生命，我们只是一个物质块；没有了生命，我们什么都不是。而养育孩子，尤其在童年，那是滋养和回归我们生命的时刻，它比一切都重要。

与自己之爱

就在我动手写这篇文章的时候，我和我的妹妹，也是我精神上的挚友，有过一个小时的通话。她因为深深地爱着自己的孩子，时刻觉察着自己。我看到她无论和孩子之间发生什么，孩子发生什么，她都努力把自己拉回到爱孩子的角度和轨道上来思考，并做出自己的决定。她坦诚地给孩子讲自己养育孩子过程中的失误，包括她自己的缺失和对孩子的缺失。孩子不理她的时候，她对孩子说："当你生气的时候，你不理妈妈是正常的。因为在你小的时候，妈妈也以同样的方式对待过你。今天妈妈知道，所有过去对待你的方式，最好的办法就是你把它还给妈妈。妈妈不生气。"这是多么强有力的爱，这种强有力的爱里，带着深刻的觉知和动力。

她和孩子的关系已有 30 年。她说："我突然发现，我跟我儿子的关系是最长久的一种关系。过去，我很依恋这种关系，孩子上大学的时候，我在机场送他，我哭了。我害怕失去这种关系。但是今天，我发现我没有失去的感觉了。在这段漫长的关系里，我找到了我自己。我通过爱我的儿子，也爱上了我自己。"

这些在爱和自由、规则和平等的环境中长大的孩子，虽然有缺憾，但是在爱的环境中成长，他们天然地就有了悟真理和法则的能力。因为成长的过程，就是和精神法则一体的过程。他们和我们不同，我们是在寻找的过程中了悟，他们是在成长的过程中了悟。在养育孩子的过程中，我们学到了透过爱和成长来认识自己、爱上自己的历程。而他们已经和我们这一代截然不同了，他们已经发展到了这一步：自己爱自己。

当然，走完这一段旅程并不一定全然地要靠这个过程来完成。那些未婚的、没有孩子的人，也同样可以透过其他的方式达成。或者如果我们已经错过了这样一个自然发生的过程，也同样可以透过别的方式来完成这个爱的历程。我们都不完整，但是没关系，只要我们学会自己爱自己。

无比幸运的是，我们可以看到许多孩子并未经过那么漫长而艰难的旅程，他们在自然长成的时候，就历经了这样爱的历程，达到了自己爱自己的生命状态和高度。感谢生命，这样一个亲眼看见的体验，可以让我们再次验证：在爱中成长是多么幸运。

爱的思考

爱对一个人意味着什么?

对于儿童，爱意味着将决定他成长为一个什么样的人;

对于一个少年，爱意味着他是不是有远大的志向;

对于一个青年人来说，爱意味着他是否能成为一个非常强大的社会性的人;

对于一个中年人来说，爱意味着他是否能够成为一个幸福者;

对于一个老年人来说，爱意味着他能否安度晚年，并在爱中离去。

爱横跨你从生到死的整个过程。

对一个人，爱同时还意味着你活着是否有意义。

小朋友得不到爱的时候，他的生命是萎缩的，他没有动力成长。因为爱是他的动力系统，就像发动机一样，爱可以让一个孩子的生命启动起来，去成长。人是一个情感生物，爱赋予了人意义感和价值感。凡是获得爱的小朋友，都觉得自己很有价值，自己很好，自己做的事情也很好。

无论你是孩子还是成人，你是青年还是老人，你仔细想想：有一个人恒定地爱你，对你来说爱意味着什么？如果它对你的生活意味着非常重大的事件，你真的应该坐下来思考：什么是爱？你是否应该在你的人生当中去学习如何去爱？你是否应该在此刻下定决心好好爱你的孩子，让他长大以后不是一个爱的匮乏者。

爱使物种得以生存演化

达尔文的进化论中说，所有的生命物种得以延续下来是基于自然法则。所谓自然法则，就是适者生存、物竞天择。这个自然法则是以什么角度来看的呢？是基于外面观察的角度在看，还是以生态学的角度在看？

我们从生物的属性来看，爱在生物界发挥着重要的作用。爱是所有生物的特质，爱使物种得以生存、繁衍。喜欢看《动物世界》的朋友都会发现，许多动物是通过父母对它们的关爱和照顾，确保了它们的生存和繁衍，从而延续了这一物种的生存。比如说，你想靠近狮子的孩子，结果你一定是在找死，因为狮子会奋不顾身地扑过来保护自己的宝宝。鸟类为了保护蛋，也有这样的勇气。一群野牛从草地上奔腾而过，草地上有一窝鸟蛋，鸟妈妈挥舞着翅膀保护自己的蛋。野牛那种势不可当的阵势，并没有让鸟妈妈退却，它毅然决然地守着自己的蛋。这根本不能用勇气来衡量，而是生命的赞歌，这来源于一个动物对繁衍后代所作出的努力。所以，爱是许多动物为繁衍后代而存在的动力。由此你问任何一个孩子："如果一个动物失去了妈妈的庇护和爱，它会怎么样？"孩子们都会回答："它会死亡。"

再看人类的演化历程。在人类演化的历程中，曾经存在过许多早期的人类物种，例如尼安德特人、丹尼索瓦人等。但是，现代人类（智人）是唯一幸存下来的物种。(当然，人类的进化是一个相当复杂的过程。它涉及多个物种和演化的分支。）在人类的演化历史中，这些早期的物种在进化的过程中已经消失了，我们作为智人的后代得以幸存。智人能够生存下来的原因确实非常复杂，而爱是其中的一个重要因素。(人类之所以能够成功生存和繁荣，还涉及其他多个方面的因素，如智慧、社会组织、技术发展、适应环境的能力等。）爱在智人社会中起着重要作用，它促进了人类社会的凝聚力和合作精神。人类之间的亲情、友情、社群情感等形式的爱，使人们共同合作、相互支持，形成了较为稳固的社会结构。这种社会结构为人类提供了相互协作、共同应对外部挑战的能力，促使人类更好地适应环境、生存和繁衍。

人类这个物种，有一个很重要的特质就是情感。爱可以促进个体的情感健康。因为人与人之间的互动，是一种情感的表达，情感的彼此支持可以减轻人们之间的压力，提高抵抗力，提高免疫力。很多人也在告诉我们，这是人长寿的一个秘密，爱让我们身心健康。

十几年前，我曾经听到一个故事：一个早产的婴儿，生命到了垂危时刻，父母请了一位高明的儿科大夫来看，这个大夫只做了一件事，就是把婴儿抱在怀里，拥抱他，用手抚慰他，给他爱，这个孩子就活过来了。这份资料深深地触动了我。

如今互联网时代，我看到了这样一个视频：

一个小婴儿，像一只小猫一样在保温箱里，活下去的概率真的非常小。一位男医生看着这个婴儿，深感无力。基于爱，他把这个婴儿抱了出来，托靠在自己的胸前。奇迹出现了，这个婴儿的生命体征有了恢复的征兆。这个事件惊动了好几个医生。主治医生便建议试一试，让这位男医生把上衣脱掉，让婴儿的肌肤贴在他的肌肤上。这位男医生裸露了上身，让这个婴儿紧紧地贴在自己的胸前。你很难知道这个人内心发生了什么，但是你清楚地知道一点，这个婴儿激发了这位男医生的爱。他就这么抱着婴儿，中间有医生想替换一下他，他拒绝了。整个晚上，他一直把婴儿抱着贴在自己心脏的位置，持续地抱着……第二天早晨，当其他医生上班的时候，看到他依然抱着这个婴儿，在椅子上睡着了。医生们在检查婴儿的体征时发现，这个婴儿已经恢复过来了。

这样的故事真的很多。还有一对双胞胎，一个是健康的，另一个已经到了死亡的边缘。人们把两个孩子放在一起，惋惜地看着濒临死亡的那个宝宝。健康的宝宝把手伸过去，搂住了他的双胞胎兄弟……这个接近死亡边缘的婴儿，开始逐渐恢复。

这些都是真实发生的例子。

生命就是这么奇特。爱，能唤醒生命，让生命重新地跳动起来。

爱是人类最高级的意识

动物没有工作，悠然自得地陪伴孩子长大。人类爸爸妈妈都没时间陪伴宝宝，交给其他人代养。我们的工作和养育后代产生了巨大的冲突。

人类因为拥有意识这一精神特质，而立于这个已知世界的生物链的顶端，而且将以此特质继续进化下去。

我们首先来区分动物和人类的差距。两者之间的差距是人类有精神，或者说人类有意识，意识的核心在于创造。而在众多种意识中，最高级的意识是爱的意识。

如何理解这一点呢？

人老了，最早出问题的是牙齿。我们知道，猴子老了以后牙齿也会出问题。牙齿出问题，对猴子来说意味着没有办法咀嚼，因为猴子有很多时候要吃坚果，它必须把坚果打开才能吃到里面的果仁。没有了牙齿，它没有办法咀嚼，就经常处于饥饿的状态。随大部队迁徙时，老猴子就会跟不上猴群。即使暂时没有脱离猴群，这些老猴子也经常备受欺凌。其他猴子只是冷漠观看，漠不关心。最后，很多老猴子都是被饿死或者被猴群抛弃在危机四伏的森林里死去的。

但是，人类社会在文明的发展中，建构了尊老爱幼的道德观念。必须照顾老人，使老人有保障，能够独立自主地活下去，这些都是基于人类道德观念所建构起来的社会机制。我们平常提倡爱老人、爱孩子，理由就是因为人类共同的爱，爱能让我们产生人权，爱能让我们产生一种更加平等的社会机制来保护我们。

人类和动物本质性的不同就在于人类有意识。人类的意识可以创造文明。文明的意识越高，爱的程度就越高，社会的保障就越高，生命的发展就越高。

在我的眼中，人的意识的进化过程，就是爱的能量提升的过程。

爱与文化

爱与文化有关。我们不仅是一个个体精神的存在，当个体的精神汇集在一起的时候，就变成了文化的现象。

文化生态是什么样？孩子就在这种文化生态里生活、成长。《阳光宝贝》［原名：*Bébé*(*s*) 或 *Babies*］是一部由法国导演托马斯·巴尔马斯（Thomas Balmès）执导的纪录片，于 2010 年上映。这部电影并非传统意义上的成长纪录片，而是一种独特的探索，它记录了四个不同国家的婴儿从出生到一岁左右的生活点滴。《阳光宝贝》聚焦于四个婴儿：波尼在纳米比亚，玛丽在美国旧金山，贝雅塔在日本东京，马里乌斯在蒙古国。这部电影采用了多角度拍摄，无旁白解说，观众可以直接观察这四个来自不同文化背景的婴儿是如何在他们的第一年里成长和探索世界的。通过展示他们在各自环境中的日常生活，揭示了不同文化下育儿方式和婴儿成长环境中的差异，及其对婴儿发展的潜在影响。我们看到在地球的不同区域，父母养育孩子的方式各不相同。如果这个观察的点可以聚焦在爱上，就是父母对孩子爱的状态不同。

爱的状态又从哪里可以观察呢？那就是父母和孩子之间的联结不同。没有爱，就没有联结。没有联结的婴儿是孤独的、荒芜的、粗糙的，是不知所措的，是没有滋养的。

和孩子联结的感觉是什么？我们使用格式塔心理学的核心原则之一“整体大于部分之和”这一概念，来深入理解父母对孩子的爱。

我们假设，婴儿是一个 50 瓦的灯泡，妈妈是一个 200 瓦的灯泡，这个比喻说明了他们各自的“能量”或者“光芒”。当妈妈的爱与宝宝相结合时，产生的效果并不仅是两者简单的能量相加之和 250 瓦，而是创建了一种全新的、更为强大的光芒，这种光芒在质和量上都超过了单纯两者能量的总和。这种超出的部分体现了爱的力量，能够在情感、精神和心理上产生深远的影响。这种爱的“光芒”大于单纯能量相加的结果。这个感觉非常重要，孩子将朝着这个光源去发展，这就是联结的作用。这就是一种文化，这个文化会把大家联结起来产生一个观念和意识。

这是我们从外面看人类。我们再来看里面的状态。

人类与动物拥有截然不同的生命境界。最聪明的动物只能认识它之外的世界，只有人类可以认识自己内在的世界。人类可以知道自己与其他所有人都不同，可以内观和感受自己内在所有的一切，由此人类就可以把握自己的命运。这一点非常非常的重要。

内观自己，并且了解自己内在发生了什么，这是人类意识进化的一个核心点。越深入、越内观的人，进化的速度就越快。所以，大量的电影根本不是在演外面的世界，而是在探索内在的世界发生了什么事情。

一头狮子把一头牛扑倒，这头牛还活着，狮子就把牛生吞活剥了。人类不会这样做，是因为人类觉得这太残忍。你为什么觉得残忍呢？因为你内在有了感受和变化。为什么狮子把牛扑倒以后在牛活着的时候就吃它，是因为狮子内在没有感受、没有想法，就是为了生存。

正是因为人类内在有想法，才创造了人类的文明，而动物就被牢牢地锁定在了生存的层面，无法从生存的层面逃脱出来。所以，我们才会对那些只在生存层面的人产生道德上的质疑。如果人类仅仅停留在生存层面，实际和动物并无二致。所以，如果教育不能让小朋友投入进去，看到自己内在世界的变化，那么这个教育就是失败的教育。人如果不能向自己的内在观望，那么他就很容易把自己往动物的方向拉扯。动物就是动物，它不会发展成人，它也不会退化成非动物。但是人不同，人一旦没有了内观的能力，就会退化到动物层面，他可能退化成魔鬼，甚至连动物看上去都要比他可爱。

人类拥有一种自我反省的意识。自我反省的意识才是人类最高的意识和智能。个体的人也是透过自我觉察的方式，来净化自己的意识。自我觉察的能力越高，人类的意识水平和道德水平就越高。这似乎在告诉我们，觉察是人类走向更高的爱的一种方式和途径。

爱属于生命的内在世界

爱属于生命内在，指向并描述内在的、生命的、心灵的世界。

人类的爱不仅仅呈现在动物的繁殖和生存上，还表现在只有人类才拥有的精神特质——心灵成长，并且爱贯穿从生到死的整个过程。

所以，精神和心灵的成长才是人类对待孩子成长的一个核心。

我们跟动物不同的是，我们不是从根本上繁衍后代，繁衍后代是一种生物的本能，我们更大的愿望是我们有精神、有意识、有一个内在世界。这个内在的精神，是用来了悟宇宙的法则和宇宙的精神的。这样说，似乎有一些难以理解。我们把它完全拉进现实世界，可能就更容易理解了。

如果我们把人类的文明分为两大类学科：自然科学和人文科学，那么科学想破解的就是宇宙法则，而人文学科、宗教、文学、哲学……就是为了领悟精神的法则。

从古至今，那些经典著作几乎都是在讲精神法则的。尽管每个人对精神法则的领悟程度不同，但是那些经典著作在不断地补充着人类对精神法则的发现和领悟。无论是老子的《道德经》，还是亚里士多德论人的著作，都是在试图解释那些精神法则的秘密是什么。

科学对宇宙法则解释得越清楚，发现得越多，科学就越发达，我们就越能从地球冲进宇宙中。我们对精神法则越了解，人类就会从迷信、教条和各种陋习中解脱出来，走向自由和文明。

所以，我们在学校一系列的课程设置中，都遵循了这样一个原理：尽可能把普世的真理和法则透过一个个故事告诉孩子们。比如，我们在小学课堂上反复地讲：要爱他人，要帮助别人，要关爱别人。这些就是在告诉孩子们一个生命的法则、爱的法则。

一个人成长得越好，就意味着他对法则的领悟越高。这就是我们精神的来源。几千年来，动物依然在森林和草地上循环往复地繁衍生存，但是人类的意识已经冉冉升起。人类的文明一直顺着这个方向在发展，而且不可阻挡。它让我们看到一个又一个的奇迹。

我们正是遵循宇宙的法则和精神活在这个世界上。这是我们人类区别于动物的另外一个本质特征。而我们孩子的成长过程，正是对法则的领悟和合一的过程。成长不仅仅是身体的：不是我们身体里有一个精神，而是我们的精神里有一个身体。所以，我们的成长是精神的成长，我们的世界是精神的世界。

弗洛姆是专门研究文化心灵的心理学家。他说："人类跟动物的差异，人类的爱指的是关注生命和人类精神的成长，这是人类之爱和动物之爱最大的差异。"你爱一个人就要关注他的心灵发生了什么，你很好奇：在他的世界、在他生命里发生了什么。

如果你爱你的孩子，
请关注他的心灵，
关注他的内心发生了什么，
关注是什么触发了他内心的变化，
关注这个变化将向哪个方向发展，
关注这个变化得出的答案是什么，
关注他是否愉悦，
关注他是否能够学会把他生命中遇到的事情整合起来，
关注他的心理变化，
关注他心灵产生的倾向……
不要让他孤独地长大，不要让他童年的孤独成为他一生的背景。

对真理的了悟要通过心灵

孔子说："朝闻道，夕死可矣。"他把"闻道"的满足感写到了尽头。而今天我们纵观人类对宇宙精神法则的了悟，它的速度已经越来越快。孩子们在上学的时候，就能够“闻道”，就能够在生活中用到。

记得有一次，孩子们抄纪伯伦的诗。纪伯伦被称为一个“得道”的人。我们让孩子每天抄一篇纪伯伦的诗。几周过后，一个孩子就跑来问我：“为什么人人都知道的道理，这个人却不断地在写？”

我惊讶地问他：“人人都知道这些道理吗？”

他说：“是呀！我都知道呀！”

这个问题，我和我的朋友讨论了一个晚上。因为我们的孩子都是在爱和自由、规则和平等的环境中长大的。我们发现，他们对法则的了悟，确实是从小逐渐形成的。在生活中，我们对话的时候，他们常常用法则性的精神回答我们的问题。当我们陷入某种心理的纠葛和情感的陷阱中的时候，孩子们就会用一个法则告诉我们。这不是在说教，而是他们生活的体验就是这样。

老师问一位小朋友：“你最爱谁？”

小朋友说：“我最爱我自己。因为只有爱我自己，我才会爱别人。”

我真的常常怀疑，这种话竟然出自一个幼儿园小朋友的口。对真理的了悟，真的是不分年龄。我们经历了漫长的探索过程，才发现这个秘密，而一个四五岁的孩子，就已经清晰地知道了这些。所以，你不得不叹息自己的人生，叹息新人类和我们的不同。你只有深刻地爱着你自己，你才能去爱别人，才懂得爱。你只有深刻地欢迎你自己，包容你自己，原谅你自己，照顾你自己，你才会去照顾别人，才会去爱别人。

由此我们得出了一个结论：对真理的领悟，不是依靠头脑，不是依靠知识，而是通过心灵的了悟。也许并不那么简单，也许是心智的原因，也许是心灵的原因，也许是知识累积的原因。但是，新一代的儿童已经和我们截然不同了。所以，我们要保证为孩子提供的“精神食粮”是真实的，是法则性的。我们要为孩子提供一个有爱的、自由的、规则的、平等的环境，让孩子在这种真实的“精神食粮”中吸收和成长。

混淆的爱

我们小时候，父母都会跟我们说“打是亲，骂是爱”，打两巴掌也是爱你，爱在我们的意识里变得复杂而混乱。

一位爸爸打了孩子，孩子哭了。妈妈立刻给孩子解释说：“爸爸是爱你的。”

孩子愤怒地说：“妈妈，爱就是爱，恨就是恨，不能把这两样混起来。”

孩子非常清楚。

我们大人都爱自己的想法。人类永远有两个主题：一是你究竟爱不爱我，二是究竟谁说了算。如果我们把这两个主题混淆起来，这两个主题就变成了：“我说了算，就是对你的爱。”或者倒过来说：“我爱你，所以我说了算。”

而真正的爱是，你说了对你很重要，我说了对我很重要。在你可行的范围内你说了算，在我可行的范围内就是我说了算。

你必须让这个人行使他的意图，否则你的意志会越来越强大。我们常常发现，强势的妈妈会有一个柔弱的孩子，因为家里都是妈妈说了算。说了算，是一种积攒力量的过程，是一种积攒意志的过程，是一种自主的过程。当你的孩子自己说了算，对你说“不”的时候，就是他走向独立的时候。所以，当孩子抗拒你，和你对着干的时候，也是他的独立意志开始茁壮成长的时候。父母不要偷走孩子的人生，不要取代孩子。孩子不能成为父母的附属品，他的人生是属于他自己的。

如果孩子被欺凌

“告诉妈妈发生了什么？”

“告诉妈妈你在学校的处境是什么样的？”

“你是怎么面对这个处境的？”

孩子们上小学以后，有时候会遇到一些被抢劫、被欺凌等现象。非常奇怪的是，许多孩子常常不告诉大人，而是默默忍受。我不知道这种不求助大人的状态，是不是因为我们不太关注孩子发生了什么？是不是孩子不那么信任我们？是不是我们不常倾听孩子，让孩子产生了误解？还是因为孩子们的性格和心智还没有达到要坦然告诉我们的状态？因为这种现象，所以我们必须提早预知这一处境，提早告诉孩子：“如果你遇到这种情况，一定要告诉大人，寻求帮助。”这是我们爱孩子的一种方式。

《成长的烦恼》这本书里这样写道：“假如还有人抢劫你，你去找大人解决。如果第一个大人拒绝你，请你找第二个大人，如果第二个大人拒绝你，请你找第三个大人，直到你找到一个支持你的人，你才要结束这件事情。”我看到这本书的时候，真的非常开心，我知道这本书的作者是有爱的。

你知道小朋友对抢劫会产生多么大的恐惧吗？因为他不知道这个外面的世界发生了什么。

有个孩子上一年级，放学的时候所有的孩子都走出了教室，向大门涌去，他们班的孩子脸色煞白，特别紧张。早晨上学的时候，妈妈把他放在腿上抱着他，他拳头紧握着。妈妈问他：“我看到你的拳头都是紧握的，告诉妈妈，发生了什么？”

他说：“我不知道，妈妈，我就是害怕。”

我说：“你在这个新环境里面，需要一段时间适应，所有小孩都一样的。”一个一年级的小小孩，看到上千个学生放学时涌向大门的那种情景，他是恐惧的。

一个小的生命就是这样去适应新的环境的。如果没有爱，真的是太艰难了。

而这样的一个小生命，唯一能关心他的实际就是父母。

如果没有爱，我怎么看见你?

第七章

与儿童共享精神生活

和孩子共度精神生活就是爱孩子

什么是精神生活

我把精神生活定义为生活中的真、善、美，精神生活就出现在生活的点点滴滴中——

真：代表真实、真诚。这通常指的是对事物本质的真实理解和对人的真诚。

善：代表善良、善意，爱。这是对他人和自己表现出的善意和善行。

美：代表美好、美观。可以是审美的，也可以是对生活中美好事物的追求。

这三个词在很多文化和哲学中都有相似的重要性，强调真实、善良和美的价值。

与孩子共度精神生活，本身就是一种体现了真、善、美的行为和过程。这种“共度”不仅仅是时间上的陪伴，更是心灵深处的相通与交流，在无形中培养了孩子对生活的真挚态度、善良品质和美好情感。

真是指在与孩子的交往中，成人通过真诚的沟通、真实的情感表达，展现自己真实的一面，这对孩子而言是最好的教育。孩子从中学会了诚实与信任，懂得了真实面对自己和他人的重要性。成人的真诚也帮助孩子建立了正确的世界观和价值观。善是指通过引导孩子理解和实践善行，如关爱他人、乐于助人等，成人不仅传递了善良的德行，也使孩子在生活中体验到善行带来的内心满足和快乐。在这一过程中，孩子学会了同情、宽容和爱，这些都是社会和谐所不可或缺的品质。美是指与孩子一起欣赏自然之美、艺术之美，让孩子在美好的环境中成长，不仅能够培养孩子的审美情趣，还能激发孩子的创造力和想象力。在共度的精神生活中，成人通过引导孩子发现和创造美，帮助孩子建立起积极向上的人生态度。

在下面这个故事里，我们既可以感受到真，又可以看到善和爱，还可以感受到美。这就是对生命有助力的精神生活。

一段日子里，我一直在忙户外安全区的工作，不停地奔波。直到有一刻，当孩子们不那么多时，我得以坐下来，试图抓住一切机会休息一下。就在这时，小昕宝跑过来，用她稚嫩的声音问道："老师，能陪我去玩滑梯吗？"

我回答说："昕宝，老师很想陪你，但现在老师有些累了，想先休息一下，再去可以吗？"昕宝听后，沉默了一会儿，再次抬头望着我，她的眼神中既有关切，也有深思。突然，她张开小小的双臂，扑向我，用她那柔软无力的小手紧紧抱住我，她的小头颅紧贴在我的胸口。那一刻，我几乎不知所措，身体僵硬，难以置信。这幅画面多么异乎寻常：一个不到3岁的孩子，正用她全部的力量，把一个成年人紧紧拥抱在怀里。过了好一会儿，昕宝松开了她的双臂，抬起头来说："老师，这样你就不会觉得累了，我先去玩了。"说完，她便跑向了她自己的乐园。

我花了好一段时间才回过神来，内心充满了震撼和不可思议。在我的哲学中，我总认为人应该承受和忍耐更多，只有坚强的心灵才能支撑一切，而身体不过是心灵的仆从，受制于心灵的意志。然而，我忽略了身体同样能感受和思考，能体会到心灵所能触及的温暖。更重要的是，身体的感受也能促使心灵去思考。这证明了身体并非仅仅是心灵的从属。

奇妙的是，让我领悟到这一切的，竟是一个小孩。她以最温柔的方式，向我展示了身体的力量和它对心灵的影响。昕宝，谢谢你，你的小小拥抱教会了我们大人一课：身体和心灵的和谐共存，以及如何通过身体的感知去理解和反思生活。

与孩子共度精神生活，这种共度的过程，本身就是一种真善美的实践和传递，它让我们理解到，真善美不仅是个人追求的目标，也是我们共同生活的基石。通过这种共度，我们一起构建一个充满爱、理解和美的世界。

在家庭中为孩子营造精神环境

精神生活的维度非常多，领域也相当广泛。父母的对话、一项工作、一个游戏、一种色彩、一个空间……都是儿童精神生活的来源。

经典图书、经典音乐、经典绘画、经典动画片……这些都是精神产品，都可以直接注入孩子的生命中，最后都会变成孩子的品质。孩子把这些经典“吃”进去，就转化成了自己的精神架构。精神生活是真、善、美的活动，是隐含在表象背后的本质、审美和善。它集中地体现在艺术、音乐和平时的生活事件或语言中，它就是生活本身。由于很多家庭并不存在这种生活，因此好的、经典的动画片便成为儿童精神活动的重要补偿和来源。好的动画片、经典的动画片就是精神生活。动画片中浓缩着物质世界的一切，还伴随经典的音乐和画面——爱与邪恶、公主与恶后、神与魔鬼、魔术与现实、天国与地狱，这就是对现实生活的形象和概括，父母陪孩子一起看这类动画片，就是在过精神生活。

父母要注重在家庭中为孩子营造精神环境，把经典的精神作品带入孩子的生活，把那些糟粕的、低俗的内容从孩子的生活中拿掉。因为当你把糟粕的电视节目、图书带入孩子生活的时候，也就意味着你把这样的内容带入了孩子的生命中。

创造精神环境是教育者（父母或教师）需要做的很重要的事情。父母自己选择怎样的精神生活是父母的事情，而孩子在什么时候、喜欢和选择什么样的精神作品，是孩子的事情。可能你推荐的音乐作品，一开始孩子并不爱听，这是可能的。一个原因是可能孩子之前很少听到这样的内容，还有就是经典作品有不同的类型，孩子也会有不同的喜好倾向。请父母不要因此强求或质疑孩子。

不容忽略的是，精神生活还来自人与人的对话，其实是人与人之间的精神互动。为孩子创造精神成长的环境，让经典滋养孩子的心灵。现在，从我们的家庭生活开始吧。

让精神生活成为生活的一部分

我们可以在自家的墙面上挂几幅世界名画，还可以等孩子大一些的时候，买一本世界名画的书，或者在网上打开那个页面，和孩子一起选择。在选择的过程中，我们就把世界名画看了一遍，孩子有时候会选择卢梭的画，它看上去纯真而自然；有时候会选择雷诺阿的，它看上去温馨而美好；有时候孩子会选择梵高的，它看上去充满了生机和活力；有时候会选择乔治亚·奥基夫的，它的画看上去那么充满生命的感觉……和孩子一起看的过程，就是共度精神生活。

也许我们用一个月选择名画，然后用一个月选画框，然后用一个月选择往哪里挂，看看挂在哪里更美观、更适合，这就是精神生活的一部分，它来自生活，不来自课堂，也不来自书本。

我们还可以和孩子一起选择灯和灯光，我们选择哪盏台灯放在哪里，光将投射在哪里，房间里放几盏台灯，黄光的感受是什么，哪盏灯的上面放一幅什么样的画，给孩子的感受是什么。当夜晚到来的时候，整个屋里呈现在眼前的光是什么样子的，是否温馨，是否有美感，是否有层次。

家里的窗帘是什么样子的？窗帘的基调和屋子里的基调是否一致？镜子摆放在哪里，镜子里会反射出什么？一幅画，一束花，一个装饰物，或者蓝天和绿色的植物，这些都是和孩子共度精神生活。

精神生活就是从这个时候开始的。你可以带着孩子随着音乐在屋子里旋转，和孩子进行有趣的对话，和孩子坐在那里一起听音乐，一起看动画片，一起喝着最喜欢的饮料，四目对视，深深地看到对方，这都是精神生活。

你和孩子过精神生活了吗？

可以从现在开始。它就是生活，是生活的一部分，每天在发生。

儿童天然向往并敏感于精神

孩子对精神生活有着天然的感觉

我把精神生活理解为儿童对真、善、美的了悟。

童童每天早晨到幼儿园，都必须从幼儿园大厅右边的楼梯上楼，尽管左边的楼梯离他的班级近，但是如果妈妈想要从左边上楼，童童就坚决反对。因为右边的楼梯上挂着现代派画家的画，有梵高、塞尚、高更……转过楼梯，二楼的走廊里，挂着文艺复兴时期的画……童童每天从右边上楼，每天认真观看每一幅画，一直看到教室里……童童最喜欢的一幅画，挂在班里，叫《宇宙原素》。

有一次，老师告诉我，童童看了14分钟，然后就像美餐了一顿，愉悦地离开了。他从来没有告诉成人他看到了什么。他用感觉，感觉着精神。这个活动持续了好几个月。

名画总是孩子们的最爱，就像那些著名的音乐一样。那里表达的，是精神；那里对话的，是精神。

精神生活是整个人类共同的嗜好，人类的核心正来源于此，而儿童尤为敏感。只是成人并没有为儿童预备这样的精神环境。我们的生活中缺少精神生活，这阻断了儿童精神生活对自己内在精神的呼应。

孩子可能本来就对精神生活有着天然的感觉，有着天然的熟知和亲切，有着本能的嗅觉，如同植物和动物的本性。所以，我们聊天的意识和语言在什么层面、在什么精神层级，就显得格外重要了。

依依 8 岁，在一次音乐课上，老师给孩子欣赏的音乐是小提琴曲《梁祝》。依依回家后对妈妈说："妈妈，我要听盛中国拉的《梁祝》。"妈妈听完以后，忙给女儿找。交给依依以后，依依便坐在沙发上听了起来。听着听着，便躺在了沙发上。等到乐曲接近尾声的时候，妈妈走过去看女儿，发现女儿泪流满面。妈妈感到十分震惊，她问我："你说我女儿为什么哭，她真的能听明白吗？"

实际许多成人不知道，音乐是所有现象背后的真、善、美，儿童是最容易听懂的。有些孩子在认知还未成长起来时，精神的需求就开始了。

精神美餐

早晨 10 点多，老师带着 4 岁多的朋朋和其他两个小朋友来到园长办公室，对金老师说："园长，这几个孩子今天要在你的办公室里工作，请你照顾一下。"

一般来说，孩子被送到园长办公室来工作，都是因为发生了什么事情。老师走后，金老师问孩子们："你们做什么了？"

孩子们开心地说："我们把院子里的植物拔掉了，弄坏了环境。"

金老师对他们的开心很好奇，问："为什么要拔植物？"

孩子们奇怪地看着园长，回答："我们要做饭呀。"这哪里能说得通？！金老师只好说："是这样？看来你们是要在这里工作了。"几个孩子在办公室里找出一些纸，画了一会儿画，又在办公桌底下钻来钻去。

教学园长哈老师看到孩子们有些无聊，就对他们说："我给你们读书吧，你们愿意听吗？"

"愿意。"孩子们从桌子底下跳出来，哈老师在他的书架上，从一排成人书籍中选择了纪伯伦的诗集《先知》，这是纪伯伦步入世界文坛之后的顶峰之作。哈老师知道这本诗集并不适合儿童，但在那一排书里，也只有这本靠近孩子了。哈老师忽然想知道它会给儿童带来什么，孩子们的反应会是什么。

哈老师读的第一首是《论孩子》，读完了一首又读了《论爱》：

爱不占有，也不被占有。
因为爱在爱中满足了……

然后又读了《论哀乐》《论法律》《论自由》(这些篇章的顺序是按当天真实发生的顺序记录的)。

一会儿，两个孩子陆续离开了，只有朋朋还是直直地盯着哈老师，一动不动。

听听这样的诗句：

当你欢乐的时候，深深地内顾你的心中，
你就知道只不过是那曾使你悲哀的，又在使你欢乐。
当你悲哀的时候，再内顾你的心中，

你就看出实在是那曾使你喜悦的，又再使你哭泣……

纪伯伦是不是让人回到自己生命的内在，以揭示人的生命和情绪的无常与本质呢?

纪伯伦是一位心灵充满智慧的伟大艺术家。心灵在我看来并未有神秘之处，它就是生命的核心。把物质搁置起来，留下生命本身就可以找到它。儿童天然就是这样。

也许你会问:“朋朋能听懂这些诗歌吗？”我也有这样的疑问。

纪伯伦的每一首诗都不短，读完每一首诗所需要的时间也不算短，这个孩子究竟沉浸在什么里？领悟或是获得了什么?

一直读到了吃午饭时间，哈老师对朋朋说:“你该吃午饭了。”朋朋这才离开。

刚吃完午饭，朋朋又急忙跑来找哈老师给他继续读诗。这一次，哈老师给朋朋读了《论理性与热情》《论痛苦》《论友谊》《论谈话》《论善恶》《论祈祷》《论逸乐》《论美》这八首诗。当哈老师因工作被打断后，朋朋又转过来找金老师。

“金老师，你给我读诗好吗？”

“可以。”金老师把朋朋抱在怀里，再一次给朋朋读起了纪伯伦的诗。

金老师充满了好奇，这种获得精神和心灵滋养的时间实在是太长了，老师都感到疲劳了。金老师探究地问:“朋朋，你能听懂吗？”

朋朋说:“听不懂。”

金老师说:“听不懂，还读吗？”

朋朋确定地回答:“读！”

朋朋听不懂却要听，在听什么？而且时间实在是太久了。在如此之久的时间里，朋朋究竟在专注地领略什么？没有疑问，那就是感觉听懂了，心灵可以听懂了。这一轮，金老师读的是《论爱》《论孩子》《论自由》《论谈话》《论友谊》《论美》(诗歌的名字按实际阅读的顺序记录)。朋朋静静地、专注地听着……

让我们和朋朋一起分享一下这精神上的美餐《论美》，让我们分享一下我们很多人都可能不甚理解的诗——

于是一个诗人说：请给我们谈美。

他回答说：你们到哪里追求美，除了她自己作了你的道路，引导着你之外，你如何能找着她呢？

除了她做了你的言语的编造者之外，你如何能谈论她呢？

冤抑的、受伤的人说："美是仁爱的，柔和的，如同一位年轻的母亲，在她自己的光辉中半含着羞涩，在我们中间行走。"

美能找到吗？那是在你心中引导你的东西。

美能用语言描述吗？不，如果美能被语言描述，那就不是美了。所以有人说，美是另一种语言，不能说的。但人们耐不住要说。人们想让那些语句产生一种感觉，其高度和美的感觉相当。

热情的人说："不，美是一种全能的可畏的东西。暴风似的，摇撼了上天下地。"

疲乏的、忧苦的人说："美是温柔的微语，在我们心灵中说话。她的声音传达到我们的寂静中，如同微晕的光，在阴影的恐惧中颤抖。"

烦躁的人却说："我们听见她在万山中叫号，与她的呼声俱来的，有兽蹄之声，振翼之音，与狮子之吼。"

在夜里守城的人说："美要与晓暾从东方一齐升起。"在日中的时候，工人和旅客说:“我们曾看见她凭倚在落日的窗户上俯视大地。”……

朋朋听完这些诗，满足而平静地走了。金老师对哈老师说，这一天，他最认真地读了最多的诗，是他有史以来读得最多的一次。

当天放学，金老师找到了朋朋妈妈，希望她为朋朋买一本纪伯伦的诗集《先知》。朋朋妈妈惊讶自己的孩子喜欢这样一位伟大诗人的诗歌。朋朋喜欢这些诗，但不知道纪伯伦。

几天后，朋朋又到办公室，看到桌子上纪伯伦的诗集《先知》，对金老师说:“我家里也有这本书了。老师，我还想让你给我读诗。”

“好的，老师给你读。”朋朋听老师答应了，赶快搬了一把椅子放到金老师的跟前，然后转身跑出去，又叫了两个小朋友一起过来听。朋朋的椅子离老师最近。金老师读着诗，停顿的间歇，她抬头和孩子们对视，孩子们的目光宁静、透彻，似聚焦般地穿透了她。

后来，金老师和我们分享这个故事的时候说:“我不知道那目光是什么，就像穿过我，看到了一个更深远的地方。”

在冬日，阻雪的人说:“她要和春天一起来临，跳跃于山峰之上。”

在夏日的炎热里，刈者说:“我们曾看见她同秋叶一同跳舞，我们也看见她的发中有一堆白雪。”

这些都是你们关于美的谈说，

实际上，你却不是谈她，只是谈着你那未曾满足的需要，

美不是一种需要，只是一种欢乐，

她不是干渴的口，也不是伸出的空虚的手，

却是发焰的心，陶醉的灵魂。

她不是那你能看见的形象，能听到的歌声，
却是你虽闭目时也能看见的形象，
虽掩耳时也能听见的歌声……

如果纪伯伦阐述的是美，有一样可以证实他的诗句是真实的，那就是儿童的内心。从生命的萌芽中成长起来的儿童，和生命依然融为一体的儿童，正是他诗歌的镜子。在生活中，当你看到婴儿时，你可以吻孩子的屁股、吻孩子的脚丫……你忍不住就这样做了。你的内心究竟发生了什么？这就是你生活中的诗歌。只不过诗人把内在心灵的触动写了下来，你却让这种心灵的喜悦流走了，留在了你已经消失的生活岁月中。

只有儿童能完全生活在精神世界、心灵世界中。他们先满足些许的物品的需要，这也是精神发展的工具的需要，随后他们对物质世界和世俗世界就不再看见了，或者不再感兴趣了。

如何和孩子过精神生活

如何过精神生活？ 下面从我们可以欣赏的、我们可以倾听的、我们可以参与的，以及适合孩子阅读的图书来谈。

我们可以欣赏的

我们可以欣赏绘画、文学、影视、音乐、舞蹈。

当我们抬眼看到一束光，从树叶缝里照下来，一只鸟在阳光中飞翔；妈妈的头发被风吹起来，爸爸的后背看上去是如此的结实和可靠；当我们凝神贯注地看着，感受着，觉得我想再多看一眼——你有再看一眼的需求，这就是你在过精神生活。

就像一个孩子问他的妈妈：“妈妈，你爱我吗？”

妈妈说：“我爱你。”

孩子说：“妈妈，如果我丢了，你找我吗？”

妈妈说：“我爱你。我一定会找到你，把你抱在我的怀里。”

孩子说：“妈妈，如果我调皮了，你还爱我吗？”

妈妈说：“我一样爱你。我会永远永远地爱你。”

这就是儿童在和妈妈过精神生活，他用心灵在体会着爱、善和接纳。

我常常在想：家里墙面上为什么不能挂一幅世界名画呢？妈妈为什么要让宝宝躺在床上，睁开眼睛看到的是一个大衣柜，大衣柜上有很多纸箱子，宝宝每天都这么看着，看久了，他的生命就会变成那样。为什么不让他睁开眼睛看到的就是一幅漂亮的世界名画，每天晚上睡觉前看到的也是一幅世界名画呢？

有一年的大年三十晚上，一位妈妈带着孩子到外婆家过年。晚上需要打地铺睡觉，孩子说："我不愿意，我想回家睡。"

妈妈说："宝贝，今天是大年三十，必须在这里休息，我们半夜不能回家，按风俗不能回家。"

孩子说："可是妈妈，睡到地下太难看了。这边是暖气，那边是床下面，太难看了。"

妈妈说："哦，这样好吗，妈妈睡在床这边挡住床的下面，你睡在暖气这边，妈妈拿一幅画放在暖气这里，这样你同意不同意？"

孩子说："可以。"妈妈就找了一幅画放在暖气那里挡住暖气，孩子一转身就看到了画。

孩子小的时候，对精神生活的要求是非常重要的，长大后，他选择的环境就是童年精神生活的结果。如果想要让你的孩子道德上不出问题，绝不是教育的结果，而是审美的结果。真、善、美的生活代表着崇高的生活理念，是让孩子过有道德、有品质生活的标准，不用父母说教，孩子就过着这种生活。

如果你的宝宝生活得非常精致，我这里说的精致不是指生活中要怎样无微不至地照料，而是精神上对精微能量的感知，孩子长大以后，无论是学习还是交朋友，无论生活的处境怎样，他都会为自己创造更好的生活，而不愿意在很差的状态中生存。

这个动力要远远高于你对孩子苦口婆心的说教。你压根不用说，他就知道，他必须为自己的生存创造更好的环境。这就是真、善、美的生活直接给你的孩子带来的收益。

我们可以倾听的

- 自然：天空、大地、阳光、花朵、雨滴、树木、动物等。
- 艺术：美术作品、音乐、舞蹈、雕塑、建筑、摄影等。
- 人。
- 自己的内在：身体、情绪、感觉、心理、念头、意识、精神。

自然呈现的是真，艺术呈现的是美，人呈现的是善。所以，我们的孩子就生活在真、善、美的状态中，这些东西都是要呈现在我们生活中的。

1. 自然

有一次，我跟朋友坐车去讲座，去宾馆的路太漂亮了，两边开满了鲜花，车一拐弯的时候，就感觉鲜花扑面而来，心完全被打开了。我就对朋友说："这条路好美，你看到了吗？"

他说："我看到什么了？"

我说："花。"

他说："没有，在哪儿呢？"

他没有看到花，他心灵的眼睛没有张开。

为什么当小朋友过马路的时候，他告诉你必须从这边走，不能从那边走，因为小朋友会选择更美的环境，他不要在这条路上看到太难看的景观，他不要留下不舒服的感觉，因为每天眼睛看到哪一个情景，就会变成孩子的生活。

2. 自己的内在

无论你看到什么，听到什么，和什么人说话，所有的一切都会形成你内在的感受。这个感受是不是真、善、美，对你的意义是非凡的。因为“真”会让你感知到事物的本质，会让你产生思考，会启动你的思想；“善”会给你生活的意义；而“美”是你的追求，道德形成的关键，因为道德就是你生命中的灯塔。这些内容都形成了你自己内在的感受，而你的感受就决定了你未来的生活。或者说，儿童的感受，就决定了儿童未来的生活。

想想你是怎么生活的？你是怎样对待孩子的？你的生活是什么样的？每一个人都在内心做这样的思考，这就是你自己内在所产生的活动。

我们可以参与的

- 交谈，参加沙龙、读书会。
- 参观博物馆、画展、音乐会、看电影……
- 创造我们的语言模式、情绪、人际关系，创造我们的居住环境，创造我们的意识、感觉。
- 学科中的创造：艺术创造、文学创造、科学创造、哲学创造。

交谈、沙龙、读书会，这是给成人的。也许你会问我：“我怎样给宝宝过这种生活？”

自己先过这样的生活。你会发现，当你过精神生活的时候，就感到愉悦，愉悦的感觉就会把这种精神状态带给孩子，宝宝不需要你说话，他就知道你的内在发生了什么，你无须用语言告诉他。精神生活，就如同谈恋爱和运动一样，会产生多巴胺，会让你产生非常愉悦的心灵活动。

我们在童年和孩子一起过精神生活，实际是在开发一个精神性的人。我们尝试着给人一个定义。有的人是二维世界的人，他们有物质生活，有认知、心理和情绪，但是没有精神生活。当人拥有了物质的、心灵的、精神的生活，那么这个人就是三维的人。当一个人拥有了物质的、心灵的、精神的、灵性的生活，那么这个人就是四维的人。所以，在童年跟孩子过精神生活，就意味着你在建构一个三维的人或者四维的人。

这就是生活，每一分钟，你都可以创造你的生活。这就是你要创造的一部分。

适合孩子阅读的书

许多孩子的精神生活，来自图书和动画片。在这里，我们把动画片也看成一种视觉性的图书。有些教育观点认为，不要让孩子过早地看电视，我却有不同的观点。我认为许多家庭没有精神生活，而儿童的精神生活可能就来自图书和这些动画片。

我知道在很多家庭中，孩子跟母亲的对话，尤其是在精神方面的对话，是来源于图书或者动画片。这意味着，图书跟动画片是孩子精神生活的主要来源。电视只是一个物理工具，如何使用这个工具取决于我们的选择，并不是电视不可用。

用文字记录的时代经历了几千年，我们已经在这个进化的历程中拥有了足够多优质的阅读资源。现在不仅有文字记录，还有视频记录，发展到今天，还有游戏记录。这意味着我们可以参与到那个视频的制作中，自己编写剧本，然后进入这个故事中互动。这是人类进步的不同阶段，而这些不同阶段，孩子们都可以选择进行。走进一家好书店，总能遇到好书、好动漫，让我们和孩子爱不释手。

阅读，就像一段跨越时空的旅程，它常常发生在一开始遇见的那一刻。这种瞬间的相会，在我们的内心世界生出许多丰富的感觉，这份感觉弥足珍贵，我们可以带着孩子一起来开始这段奇妙的旅程。

所以，带孩子一起去一家好书店，不要将阅读变相成为成人的说教。“自由意志，是人类的最高意识。”

附

一天的精神生活

1 岁多开始，每一个孩子都会对音乐、色彩、绘画有极高的敏感度，这个敏感度全然在于用生命感觉，那就让我们的精神生活从 1 岁多开始吧。

我们先看一天的生活。

想想早晨起床后，你是先拉开窗帘，还是先上洗手间？ 这是有很大差别的。拉开窗帘的时候，光就会进来，你带着光去处理身体的需要。先上洗手间，在昏暗中你一定会昏昏沉沉。

看看早晨起来你第一句话说了什么。是“赶快起床，迟到了”，还是“我爱你，新的一天开始了”。这些生活中的细节每天都在发生，但是，它就给你的一天定了一个基调。如果我们用“我爱你，新的一天开始了”来定我们这一天的基调，也许生活就真的慢慢地改变了。你说什么，就是在选择怎样创造你的生活。

现在，让我们来看看，早晨起来，我们是过精神生活，还是先做家务，这是有本质不同的，它可能在漫长的童年形成孩子一生的习惯。所以，音乐教育和音乐享受要在早晨开始。

早晨起来，让孩子在音乐中醒来，然后坐在沙发上，欣赏 10 ~ 20 分钟的音乐，妈妈忙着家务，听着音乐，孩子会极度的安静，这段时光可以在愉快中度过。你会发现儿童全然沉浸在这个情景中，全然感受音乐的美妙和情绪。然后带着这种愉快再去做其他的事情。这就好像一天是一首交响乐，早晨的序曲要尽可能美一些。

播放音乐影像光盘时，你可以观察孩子喜欢什么。有时候孩子会换着看，有时候孩子会持续看一张光盘。你可以放在那里，由孩子自己选。这样的光盘，有的孩子一看就是好几年，几年之后，音乐就成为孩子生命的一部分。

我们要学会为孩子选择世界上最好的经典音乐和演唱者，让孩子边看边听，这对孩子的感受和情绪是最有帮助的。有时候孩子会站起来，边舞动边看，有的时候，我们还可以为孩子选择最美妙的芭蕾舞剧和现代舞。我们可能无法亲自看到某个人演出，但是科技帮助我们用另外一种方式享受到世界一流的艺术。起点就在于此，艺术品质不能低下来。我们的目的是让孩子享受精神生活，我们要为孩子选择最好的。

我们先定一个框架。

活动内容

早晨起床 10～20分钟	看演唱会的 音乐光盘	《莫扎特效应》，维塔斯的演唱会光盘《我母亲的歌》，帕瓦罗蒂的演唱会光盘，安德烈·波切利的各种演唱会光盘，雅尼的演唱会光盘，《幻想曲2000》《幻想曲》，夏洛蒂·澈奇的演唱会光盘，天使之翼合唱团的演唱会光盘，恩雅的音乐光盘，还有一些小提琴演奏光盘等。
中午午餐 下午茶	听音乐 看动画片	轻缓的音乐，如肖邦的钢琴、小提琴、大提琴独奏；《鼹鼠的故事》，或者迪士尼的经典动画片
晚上睡前	阅读经典图书	经典绘本

这个框架大概能让孩子在一天中不同的阶段享受到这种精神生活。

用精神生活滋养孩子的生命

孩子天生能捕捉生活中的意识状态

我们拥有物质生活，同时还拥有精神生活，精神生活将人区分在不同的生命层面。这是人的不同之处，它有别于所有的生命状态。

家庭需要在一起探讨相关精神的话题，我们已有大量的时间花在琐碎的生活问题上了，比如说孩子吃什么，学习好不好，今天和谁发生了争执，这样的话题都不叫精神生活。家庭是要过有规律的精神生活的，尤其是在孩子小的时候。

在我的孩子小的时候，我带他去广州大剧院看芭蕾舞《灰姑娘》，看完以后他气哭了，就像被什么污染了一样，生气地告诉我说："那根本不是《灰姑娘》！"

实际上我也感到很不舒服，后悔竟然选择看了这么一场芭蕾舞剧。这场舞剧在传递一种意识：一场敌对的、面对面的战斗。主题完全是悲惨的"旧社会"，灰姑娘作为被压迫和被虐待者存在，生命完全不能自主，面对恶，只有无奈和无力；而继母一家，完全是邪恶势力的代表，无所不能……最后命运解救了灰姑娘，让她和王子相遇……好像天上掉下了一个馅饼，砸在了灰姑娘的头上。我们不知道为什么王子会爱上一个受尽虐待的可怜兮兮的灰姑娘？难道仅仅是因为灰姑娘漂亮？……

这种意识渗透在从编剧到表演的各个层面和环节。继母演成了凶神恶煞一般的暴君，灰姑娘演成了可怜者和被虐者。

我的孩子难过、生气，是因为我让他看了一场意识状态较低的演出。这次童年的经验，导致他从此不看芭蕾舞。

特别凑巧的是，当天晚上回家，电视里正上演着迪士尼动画片《灰姑娘》。在这部片子中，灰姑娘的世界是一个完全不同的世界。她和小动物们生活在一种彼此相爱、友善的生活状态中；她不仅善良，而且智慧，有着非常独特的审美，这是她生命中天生具有的。她还灵动、乐观、接纳和包容。她完全生活在一个和继母的世界不同的境遇中，她们是两个世界的人，她们是不同维度的人。灰姑娘身上所拥有的品质的财富、精神的财富、心灵的财富，是继母和她的孩子身上根本没有的。从这部影片中我们可以看到，灰姑娘的富足和继母的贫困成为这部动画片的主题。尽管恶依然是恶，但这完全是人存在的两个世界、两个维度。灰姑娘在面对恶时，她如何对待恶的态度是可以选择和自主的，而不是无奈的、被动的。即使在贵族阶层，拥有灰姑娘这样品质的人也是少有的，由此王子爱上她便符合逻辑了。

儿子坐在那儿，很安静地看完动画片，之后站起来说了一句话："这才是《灰姑娘》！"

那一刻，我知道他的精神已经被建构起来。他已经有了明确的选择。

后来，我常常思考，同样是《灰姑娘》，故事的名字是一样的，角色是一样的，故事的环节是一样的，但是内容却完全不一样，给人的感受也完全不同。后来我知道，孩子在很小的时候就已经能捕捉生活中的意识状态了，对意识不同层面有感知，并且吸收滋养自己生命的内容。所以，我们一定要陪伴孩子过精神生活。

家庭过精神生活应该成为常态

在餐桌前，家庭可以选择一个精神性的话题。与生命相关的话题，就是精神性的话题。

有一次，我的孩子邀请三个同学回家吃晚餐，我们讨论的话题是“智慧、幸福、健康，你选择哪一项？”。出乎意料的是，三个孩子都选择了健康。

我问他们为什么都选择健康？一个孩子说：“我之所以选择健康，是因为有时候健康不会因为个人的意志而转移，我天然就具有智慧，所以我用我的智慧可以创造幸福，只有健康，我是没有办法的。”另一个孩子说：“我现在正在长智慧，我无法想象长大之后我的智慧有多高，所以我一点也不担心这个问题。”

就这个话题，我们讨论了一个多小时，孩子和大人都非常愉悦。

有时候，我们也可以和孩子开展一些精神活动。一般我会经常在家里举办小型的音乐会，请朋友前来参加。在音乐会之前，我会请孩子提前做一点准备。准备什么呢？比如，可以让孩子弹钢琴，尽管他弹得并不精彩，但让他参与其中的感觉很好。又如，带着孩子结交各类型的朋友，很多时候，我们的朋友会给孩子开启一扇大门，享受到意想不到的精神愉悦。

有一次，我请一个作家朋友来家里做客，朋友伸出手想和我儿子握手，可我儿子从来没遇到这样的事情，他站立了很久，看着那只悬在空中的手，终于把手伸了出去。儿子懂得了，和人握手是一种尊重和礼貌。

因此，家庭从事精神活动应该是个常态，这意味着你是否能向孩子开启一扇大门，将孩子生命中关于精神的那部分开发出来，这样孩子的成长才能平衡。

没有精神生活会让孩子的生命变得麻木

很多孩子的生命因为没有精神生活而变得不敏感，甚至麻木。

一次，一个孩子住在我家，她说：“我给你讲个笑话。有一个人上山找另一个人，他敲门，那人砰的一声把大门打开，结果发现外面什么也没有，下山时在路上看到他的尸体，因为他开得太猛了，把人撞下去了。”其实这个笑话并不幽默。孩子问我：“你还想听吗？我还有好多这样的笑话。”

我没有继续听她讲笑话，而是给她看了宫崎骏的经典动画片《天空之城》。这部动画片的意识和音乐都特别美，我经常会和孩子一起看。

画面上，天刚刚亮了起来，小男孩背着他的小号，从窗户跳了出来，从这个屋顶跳到另一个屋顶，最后抵达了一个屋顶的最高处。当他踏到屋顶上时，音乐响了起来，轻柔地起伏着。我对那个孩子说：“今天早晨是新的一天，因为奇迹发生了——他遇到了小女孩，并且把她带到了家里，所以他特别的愉悦。因此他拿出他最喜欢的小号，站在一个高处吹响一曲乐曲，他想用音乐把女孩从睡梦中唤醒。”此时，动画片里的男孩吹响了小号，女孩从床上坐了起来，轻盈地走到窗前，看着男孩站在外面，他们非常的愉悦。

可就在这时，那个孩子说：“我不想看了。”那一刻我明白，她的内在没有被唤起感觉，她体验不到精神生活的愉悦，因为她的父母没有和她过精神生活。

我经常会告诉老师，每天都要给孩子阅读世界名篇，如果孩子生命中关于精神的这部分是沉睡的，孩子的情感和精神的生命没有被唤醒，那么有些美好而滋养的东西他是无法感受的。

如果一个生命长久地生活在恶劣的状态下，那么他对粗糙的、邪恶的东西的承受力会很好。相应地，他却无法承受爱和美好的东西。同样地，如果孩子生命中精神的那一部分没有得以开发和展现，他也不能承受美好和爱。因此，和孩子过精神生活，是我们生活中一个非常重要的部分。

生活是平庸的，柴米油盐酱醋茶，刷锅洗碗，洗衣做饭，这样的劳作已经占有我们太多的时间和生命，可我们仍然能在其中品尝到精神的愉悦，因为人就是精神的产物。尽管我们自身可能缺乏精神生活，甚至不知道什么是精神生活，但我们可以给家庭安排一个时间，在这段时间里，可以从事音乐、绘画、讨论、阅读等活动，即使是很短的时间也十分有用。慢慢地，孩子生命中的精神被唤醒了、舒展了、满足了。这就是让孩子的生命得以滋养的精神生活。

第八章

父母，开始成长开启爱

父母需要疗愈童年创伤

为什么“有一种冷，是妈妈认为的冷”

一段时间，网络上流行这样的话语：

“有一种冷，叫妈妈觉得你冷。”

“有一种饿，叫妈妈觉得你饿。”

“有一种恐惧，是妈妈觉得你危险。”

“有一种危险，是妈妈觉得你不安全。”

“有一种爱，是妈妈觉得她爱了。”

“有一种好，叫父母为你好。”

“有一种需要，是父母认为你需要。”

如果我们仅仅听这样几句提纲挈领的话，是没有办法精准领悟说话人的心理状态、教育观点、意识状态、情绪状态的。我们需要听一段话，才能完全体会出“有一种冷，是妈妈认为的冷”这句话的全部内涵。

我记得我小的时候，我妈最喜欢的是劝我穿棉毛裤。有一年冬天我上学，刚一走到门口，我妈就过来问：“站着，穿棉毛裤了没？”

我说："没穿，没穿。"

我妈说："那个医院是你老爸开的，是吗？看病不要钱，是吗？穿去！"我就只好把棉毛裤扯来穿上。

过两天我又去上学，我妈又把我逮到了："站住，穿棉毛裤了没有？"

我说："穿了。"

我妈说："外头那么大的太阳，你还穿呀！"

我说："我不热，不热。"

我妈说："等你热的时候，满身是痱子，不难受啊？脱了！"我就只能把棉毛裤脱了。

又过了几天，我学聪明了，出门之前就问我妈："妈，我今天穿棉毛裤不？"我妈说："你长这么大了，穿不穿棉毛裤你不晓得吗？还以为你有多小啊。"

这是第一段对话。请思考这段话背后的含义。

下面一段话说的是："有一种瘦，是妈妈觉得瘦。"我们来看这段对话。

妈妈说："来，儿子，吃块肉。看看你都瘦成啥样了。"

儿子说："我胖成啥样了，我跟气吹的似的，我还吃肉呢。"

妈妈说："男孩嘛，还是壮实点好看。我年轻那时候，你姥爷就跟我说了，这男人啊，无论到多大岁数，他要能提动50斤东西，那就还能生。你瞅你那朋友，瘦得跟小鸡崽子似的，你别说让他拿50斤的东西，我估计呀，拿瓶矿泉水都费劲了。"

以上两段话体现出的两种状态，几乎是父母普遍存在的状态，而不是个别现象。现实生活中实际是五花八门，各不相同。我只是找了两个不同的内容，展示给读者。

对这样的现象，我尝试做如下解释：

· 父母无法有效地表达自己对孩子的情感、关怀和爱意，而以权威、强势和不容置疑的方式，找各种理由支持自己，反驳孩子，表现出一种强迫症和过度焦虑的倾向。——为什么？

· 父母无法从孩子的角度关注孩子，而是完全从自己的角度来理解、表达爱和关怀，将自己的情感和体验投射到孩子身上。——为什么？

· 父母和孩子之间存在沟通障碍和情感断裂。父母无法有效地理解和满足孩子的真实需求，而产生过度关心和担忧。这样的沟通状态，是否也存在于父母的其他人际交往中。——为什么？

· 父母基于自己的感受和需求，强迫孩子满足自己的舒适感（投射认同）。——为什么？

当阅读完以上两个故事，我们就不得不回到父母的童年，来依次回答上面的四个“为什么”。

首先，我猜想这样的父母在童年时期经历过温暖、关爱或支持的缺失，导致他们在成年后无法有效地表达情感、关怀和爱意。老实说，我们绝大部分人都有这份被爱、被关注、被支持、享受温暖的缺失。也就是说，我们的童年缺乏温暖和安全感，这种童年创伤影响到了我们与自己孩子之间的亲子关系。因此，“有一种冷”实际上反映了父母内心深处的情感缺失，以及童年创伤带给自己的持续性的影响。

其次，父母自身受到了童年创伤的影响，因为情感缺失而导致情感障碍。童年创伤可能导致了父母在成长过程中形成了一种自我保护机制，使他们难以表达和接受情感，以及理解他人的感受和需求。这句话的意思是指，许多父母不能够直接表达爱，不能直接表达自己的情感，而是借助通过对自己关心的其他事情来表达情感，这就是一种情感表达的障碍。他们在与孩子的互动中，无法走出自己的世界，更多地从自己的角度出发，而忽视了孩子的独特需求和情感状态。

再次，父母的行为和情感表达方式，也受到他们自己所受到的教育和家庭环境的影响。如果父母在自己的成长过程中缺乏温暖、关爱或被理解，他们可能会将这种模式延续到自己子女身上，无意识地将自己的情感和行为方式强加给孩子。

最后，父母可能也缺乏对于如何有效地理解和满足孩子的需求的知识和技能。他们可能没有接受过足够的教育或培训，无法理解孩子的心理和情感发展，也不知道如何与孩子建立健康的亲子关系。因此，父母更倾向于从自己的角度出发，而不是从孩子的角度来理解和表达爱与关怀。

我们可以肯定的是，父母这种和孩子情感和关系上的断裂，一定会表现在其与其他家人的关系上，包括和自己父母的关系、夫妻关系，等等。这会给当事人带来很大的痛苦、困惑和焦虑。所以，成长首先是解决自己的问题。这种对自我的疗愈会迎来一份崭新的、更加亲密的关系。自此，父母也能找回自己。

从另一个角度来理解，自我的成长能够帮助父母更好地养育孩子。父母带着创伤养育孩子，在不觉之中，会让下一代重复自己的命运。如果父母不想重复自己的经历，不想让自己的孩子延续同样的创伤，不想几代人把自己情感体验的创伤投射在儿孙辈的身上，那么父母就需要成长，需要疗愈童年的创伤。这种疗愈的过程，不仅能改变自己和孩子的关系，同时也能改变夫妻关系，改变其他人际关系的互动。

为什么有的父母认为“打是疼，骂是爱”

有一位小伙子到小姨家，看到小姨对表妹如此之爱，小伙子就哭了。他描述了自己的成长经历。小的时候，妈妈把他夹在腿里打他，一直打到妈妈打不动为止。他上学的时候，就在上学路上挑选一位同学，往死里打他。他说：“我把我全部的愤怒都宣泄在了那个同学身上。”

一个父亲曾经对我说：“我真的不想打孩子，但我忍不住。我小时候，我父亲就是这样打我的。”

从上面两个小例子，我们就能清晰地知道，有些父母认为“打是疼，骂是爱”，这样的父母主要是因为他们受到了自己成长过程的经验和文化环境的影响。在一些家庭和社会中，体罚和严厉批评可能被视为一种有效的教育方式，以塑造孩子的行为和品德。这些父母可能认为，通过体罚和严厉的口头批评，可以让孩子明白错误，改正行为，从而实现教育的目的。

在我们的习俗中，养育孩子和对孩子进行性教育有点相似，都不是通过科学的方法进行教育和培训，而是透过家庭的状态和周围文化的影响习得。很多父母完全习得了自己家庭的状态和社会文化的影响，缺乏更有效的家庭教育知识，不知道如何用其他方式来教育和引导孩子。他们可能自己也曾受到过体罚和严厉批评，认为这是一种正常的家庭教育方式，因此将这种方式延续到自己子女的身上。

研究表明，体罚和严厉批评并不是一种健康的教育方式，反而可能对孩子的心理健康和社会发展造成负面影响。这种方式会导致孩子产生负面的情绪反应，如愤怒、抵抗和沮丧，还会影响到他们的自尊心和自信心。因此，父母应该从家庭习得中、从习俗中跳出来，尝试去学习一些更温和、尊重、科学和建设性的方式来教育和引导孩子，以促进他们的健康成长和全面发展。

孩子渴望父母的成长

下面的这个例子，让我从孩子的角度看到孩子多么渴望父母改变，看到父母的成长对孩子多么重要。

在幼儿园工作的时候，有一天，一个五岁的小男孩来找我，邀请我去他家里做客。这个小男孩非常瘦弱，这里的“瘦弱”，不仅指他身体看上去十分瘦弱，最主要的是他的生命力看上去很弱。

那一天，小男孩跟着我，一直默默地跟在我的身后，不离开。我问他，他说想让我去他的家里。我感觉这个孩子一定是有什么事——他在求助我。我找到了他的妈妈，一问才知道，他的爸爸当着他的面，把他养的猫掐死了。我听后，顿时有了一种危机感。我以为，这个孩子想请我帮他解决问题。

征求了孩子妈妈的意见之后，我去了小男孩的家里。他的父亲也非常的干瘦。我们三人坐在沙发上，孩子坐在走廊的地上，从我的角度可以看到他，我猜测从爸爸的角度是看不到他的。孩子坐在地上靠着墙，一直抱着自己的膝盖。

我们谈了彼此的工作，也谈了彼此的兴趣，但没有谈及猫的事情。男孩的父亲向我展示了他收藏的一把匕首——黄铜的刀柄，上面镶嵌着白色的装饰，不知道是贝壳还是骨头。那把匕首很漂亮，他的父亲友善地向我展示了他的爱好，那是他的心爱之物。我实在是对收藏刀没有什么爱好，但我依然感觉到，那把刀看上去很精美。

就这样，我们聊了一个多小时，气氛始终是愉快的。我起身告别，他的父母礼貌地送我，男孩子默默地站起身，一直把我送到电梯门口。我回过身拥抱他的时候，他在我的怀里悄声地说："谢谢你。"那一刻，我一下理解了男孩请我到他家里的意思。他用他所有的能量在保护他的家庭，他想让父母和好，家庭不破裂。至此，我才明白一个孩子对父母的爱可以达到一个什么样的状态。

其后，我问了男孩的妈妈。我问："爸爸打孩子吗？"妈妈说，爸爸没有打过孩子。爸爸经常火冒三丈，但是从来都忍着不打孩子。他会砸东西，甚至掐死了孩子的猫，但他没有打过孩子。妈妈说："孩子希望我们不要离婚。他说，爸爸也可以成长的。"

在我们学校，我们提倡的是"孩子、父母、老师共同成长"。这个小男孩显然是明白的，他吸收了这个信念。

从事教育工作这 30 年中，我自己成长了。在我的信念里，成长是生命最高的动力。有人这样问我："人一生中，最重要的事情是什么？"我的回答是三条，第一是成长，第二是成长，第三还是成长。在我的生命中，成长永远是被放在第一位的。因为成长了，我们就能看到孩子；成长了，我们就能看到他人；成长了，我们就能看到自己；成长了，我们就能看到生命；成长了，我们就能看到"道"。有一次，我的朋友问我："不成长会死吗？"我非常认真地对她说："不成长，就意味着死了。"

如果父母没有成长，他们可能无法有效地应对和处理自己的童年创伤，这可能对孩子造成一系列的负面影响。以下是一些可能的情况。

1. 模仿行为

父母可能会将他们的童年创伤复制到他们的家庭中，通过模仿他们在童年时经历过的行为方式和情绪表达方式来对待自己的孩子，导致了一种负性循环。

2. 情感缺失

父母的内心深处可能存在情感上的空虚和缺失，导致他们无法给予孩子足够的爱和支持，从而影响到孩子的情感发展和自我认同。

3. 情绪困扰

父母可能会因为自己的童年创伤而经历情绪上的困扰和压力，导致他们在与孩子的互动中表现出不稳定、易怒或情绪化的行为，影响到孩子的情绪健康和稳定发展。

4. 亲子关系问题

父母的童年创伤可能会影响到他们与孩子之间的亲子关系，导致沟通困难、信任缺失和冲突增加，从而影响到家庭的和谐与稳定。

综上所述，如果父母没有成长，他们可能会将自己的童年创伤带入自己的家庭中，对孩子造成一系列的心理和情感伤害，影响到孩子的健康成长和幸福感。

父母如何成长？从观察自己、觉察自己、爱自己开始。

在爱中成长

我曾和父母，尤其是妈妈分享过这个话题：“我们都缺爱，我们都在寻找爱。长大后，我们缺失的就是自己爱自己。”

这个话题很复杂，想讲清楚这个脉络，还是有难点。所以，我希望把我思考的框架分享给所有父母：去了解自己，去照顾自己，去爱自己，这样就能更好地陪伴孩子。

爱是一种巨大的财富

我想，用“财富”来比喻爱是最得当的。在这个世界上，获得全然爱的人，也就是说获得爱的满足的人，是拥有最大财富的人。这样的人，不多。完全没有获得爱的人，大概率比完全获得爱的人要多得多。那么，其他的人都处于中间地段，我们都是处在中间地段的那部分人。

如果我们没有在爱中成长，那我们就在匮乏和贫困中成长。所以，我要说的是，我们大部分人是在爱的匮乏中长大的。因为匮乏，源于这种匮乏而生出了很多的问题，这些问题就变成了我们成人后的一些障碍，也变成了社会上的一些问题。

童年，我们是依赖于父母给予的爱来养育自己的生命成长的。如果缺失这种爱，我们个人的生命成长中就累积下了匮乏、渴望、亏欠、抱怨和怨恨。这些心理的问题在其后影响着我们的生命质量，为我们铺垫下潜在的贫困的障碍。这个贫困，不是指物质的财富，而是生命中的财富。未来，婚姻的问题、婚外恋的问题、养育孩子的问题、关系中的问题，我都把它归为爱的缺失。还有一些社会问题，无秩序、混乱、暴力……也是因为爱的缺失。爱是生命的法则，法则是什么？法则是永恒不变的。而爱就产生在婴儿和父母之间，没有这个过程，爱是没有办法产生的。

我曾经遇见过一位女士，她的丈夫是北欧人。她在婚后获得了足够的爱，满足得号啕大哭，她边哭边说："我哪儿来的福报呀，我得到了这样的爱，我简直不敢相信。"我可以全然理解她的富足感——一个在爱的贫困中长大的女孩，突然找到了一个爱得富足的"王子"，不禁喜极而泣。实际上，他们的生活并不富足，她感到富足的是生命，是她内心的感受，是她渴望的满足，是她的匮乏转化成了富足。而本质上，我们都想成为那个自己富足的人。

学会爱自己

我想先从 0 ~ 18 岁开始讲起。

我们现有的年龄，都已经走过了 0 ~ 18 岁的成长历程。现在我们的孩子正在走 0 ~ 18 岁的历程，这个历程意味着什么？这个历程意味着我们的年龄已经成长到我们人生最强大、最有力的年龄，最有承担的年龄。"成人"这两个字，意味着你要承担生存的压力，要承担关系，要承担社会的压力，要养育儿女。你还要赡养父母，你还有一大堆责任，比如社会责任、家庭责任，等等。所以这个年龄的成人，也是一个人从生到死最艰难的一个年龄阶段。

现在让我们再联想到自己的母亲，她在养育你0～18岁的时候，她的处境跟你今天的处境是同等复杂的，是一样的。由于这个联想，一下子会把一个生命的成长，从生到死分成几个阶段：从0～18岁，从18岁到35岁，从35岁到77岁，从77岁到死亡。到目前，我们已经完整地走到了哪个年龄阶段？你已经走过了0～18岁，可以完整地思考0～18岁的成长历程。18岁成年，到你结婚以前，再从你结婚到现在……那么，当你回忆这个阶段的时候就能发现，你所有的压力、所有的艰难、所有的快乐和喜悦，都会在这个时期展示出来，这个阶段的复杂性就会更大。

你的童年、少年和青年，跟你的“成年”截然不同。因为童年、少年、青年时期没有承担上面说的所有的责任。在青年时期，虽然你有工作的压力，但由于你没有承担一个家庭所给予你的丰盛和复杂，你还有谈恋爱的快感，所以你的压力依然不大，你的艰难程度依然是有限的。但是，恋爱期过去了，当你有了孩子，你要面临关系、家庭带来的矛盾，经济带来的困苦，劳作带来的疲惫，当一切快乐或者一切喜悦都无法抵消这些的时候，你会发现这个时期所经历的，与你设想的爱情、家庭、生活，还有未来，是那么的不同。这些你跟你妈妈的经历是一样的。你会回忆青年时期恋爱的快乐，但你发现，那种快乐已经随着年龄、随着经历流走了，你现在面临的是要承担养育孩子的责任，要承担工作的压力，要承担生存的压力，要承担赡养的压力，要承担关系的责任，要承担未来的风险……

所有这一切的压力和责任下，你如果能够顺利地走过来，那么是什么让你非常愉悦地走过来，让你不觉得那么艰难呢？是爱。你一定会想，是什么样的爱呢？是爱人爱你，是父母爱你，是亲友爱你，这些都没有问题，但这些不是我们生命的主项。我们真正能走过这些人生中最复杂、最劳累、最艰难的时期，主要还是依靠自己爱自己。当你爱你自己的时候，你会发现你的生命会有一个巨大的变化。

前面说过，你在养育你的孩子走向18岁的时候，正在重复你的母亲所经历的一切矛盾、一切过程，只不过这个经历在内容上有所不同而已。这种重复有新生活的体验，但更重要的是，这种重复有非常大的比例是生命本身设定的。也就是说，你今天所经历的一切，正好是过去你在成长过程中你妈妈的经历。未来，如果你的孩子有同样的选择，那么等到他30多岁的时候，他所经历的一部分也正是你的处境。所以当你能够将你的妈妈、你自己，以及你的孩子联结在一起观察的时候，你就会发现一个巨大的秘密：生命是一个轮回、一个重复。你能够提出疑问和评估的是，你妈妈过得怎么样？你过得怎么样？你的孩子过得怎么样？这取决于什么？是取决于在重复中有新的生活的创造和体验，还是取决于你在成长的过程中逐渐地、慢慢地让你的生活过得越来越好，越来越丰盛？你会觉得生活的压力没有那么大，你创造了自己的生活，不生病，身体健康，夫妻相爱，母子关系亲密，更重要的是爱你的孩子，使你的孩子比你的妈妈、比你更有智慧，更富有爱心，成长得更好，迭代升级，这是一个特别大的核心。因为在你这个年龄，你完全可以有意识地回顾你的母亲，同时又可以完全联结到你的孩子，你的爱将决定着孩子的未来走向哪里，将成为什么样子。所以这个年龄就变得特别重要，也变得很艰难。

如果我回忆自己的生命成长，我的童年是缺失爱的。我们的文化就是一个缺失爱的文化，所以我们绝大多数人都是在爱的匮乏中长大的。现在我回忆自己的成年期，身心是疲惫的，是各种纠结、各种矛盾产生最多的年龄，也是我的孩子成长最关键的时期。甚至到了现在，我才能理解我的妈妈在养育我的时候，曾经经历了多少，她是怎么走过来的。但这些经历对我的妨碍并不大，我更多思考的是那个时候我的混沌、我的自我成长。

我曾经问我的先生："如果让你回到年轻的时候，你愿意花多大的代价呢？"他反问我："你是指年龄回去，还是带着自己现在的智慧回去？"我一下子明白了：如果我不带着自己已经成长起来的智慧回去的话，那么即使我的青春回去，我依然会重复过去的生活。这个提问在回答之间，突然把我心智的成长完全剥离、另立了出来，让我从青春期到成熟期，有了一瞬间的回顾，我知道自己已经智慧了很多，丰盛了很多，有爱了很多，清明了很多。我内心感到一阵狂喜，这一刻，我爱上了我自己，我在狂喜中拥抱了我自己。我知道，我的生命没有重复我母亲的生命，尽管我们的经历有相似之处，但我们的生命已经有很大的不同了。我同时也非常自信地相信，我的孩子和我相比，一定有很大的不同。而这些都源于我的自我成长。

希望我们不仅仅是在重复生命给我们设定的这样一个生命阶段，不再重复我们的母亲、父亲留给我们的这种生活经验，而是我们要在自己的生活中创造出一个新的自己，而这一切的主题是：爱自己。

观察自己就是爱自己

如是观察自己

我们经常看到很多广告，比如整容广告，卖衣服的广告，卖化妆品的广告，这些商业广告都会告诉你，你要多给自己买点东西，把自己打扮得年轻一些、漂亮一些，后面总是总结一句：“你要爱自己。”有趣的是，商业总是走在我们的前面。虽然有一些哄骗的含义，但是提出了一个我们每个人都关心的问题，就是爱自己。所以我们要给“爱自己”确定一个概念，我们要让每一个人能够触摸到如何爱自己，让爱自己变成我们的生活，能跟我们的心灵相撞击。

什么是爱自己？爱自己就是学会观察自己。什么是观察呢？就像一位天文学家一样，他每天晚上都会对着天文望远镜去观察天空中的星星。星星离他非常远，但是他透过望远镜观察星星的变化。由于每天都在观察，每天都把观察结果记录下来，经过漫长的10年、20年，天文学家就会发现星星在天空中微妙的变化……我们把这种做法称为“观察”。

当天文学家在望远镜前观察的时候，他如实看，如实记录，我们称他在“客观地观察”。他不会在透过望远镜观察时想：“这颗星星的品质不好，太暗淡了。”或者他说：“天哪，黑暗是多么的邪恶，星星却是明亮的。”或者说：“光明快来吧，赶走黑暗。”他都不会这么说，他只是不断地观察，没有任何价值评判，不会评价好与坏，我们把这称为“观察”。

所以我说的意思就是，你在观察自己的时候，不能做法官，不能做父母，不能做老师，你只能做一个旁观者。我们把这种观察称为“如是观照”。“如是”指你看见什么就观察什么，这就已经足够了。如是观照是一个巨大的真相，在所有的修行路上，心理学疗愈的路上，所有禅定的方法中，最重要、最核心的一点，就是如是观察自己。

上面提到自己观察自己，我们只能作为自己的旁观者存在，就像一个外部观察者一样，观察自己。如果你依然不知道怎么才能旁观自己的话，那么动态静心的方式，是最能让你感觉到如何观察自己的。当你在猛烈的跳跃和抖动中，让自己全身每一个细胞都活跃起来的时候……突然，你停了下来，闭上眼睛，你的意识完全看着你的内在，你就能感觉到一个清明的意识在看着你身体里边的所有部分——这个感觉就是一个旁观者存在的感觉，也就是你的意识和感觉，它是大于你的其他部分的，你这样就是在旁观了。你用你的意识、你的感觉、你的注意力，去观察你自己的行为、你自己的念头、你自己的情绪、你大脑中不断出现的想法。我把这种将注意力放在自己身上的持续性的观察，称为“爱自己”。

重拾生命中丢失的金钥匙

当关系出现冲突的时候，当关系导致情绪崩溃的时候，当关系让我们感到痛苦的时候，我们该如何观察自己？

人出现问题一般都是在关系中出现的，但爱也是在关系中发生的。人独处时，一般问题不会很大，但往往在关系中，就会把我们的问题“撞”出来。所以，当关系出现问题时，请你把注意力拉回到你自己的身上。

比如，你跟爱人的关系出现问题的时候，如果你把注意力都放到对方的身上，不断地指责对方，指出对方的问题所在，你就会陷入无止境的纷争之中，就等于把自己的能量流失给了对方，这个能量你失去了，对方也得不到。把注意力放在自己身上，指的是无论你遇到了任何事、任何人，发生了任何问题和冲突，你先把注意力拉回你的内心，拉回到你的身体里。你要把你之外的任何人、任何事，都先按暂停键，先回归到自己的生命里边，然后闭上眼睛观察自己，高度集中在观察上。如果没有注意力，所谓的观察就不存在了。试想一下，一个天文学家拿着望远镜，两只眼睛盯着那两个镜头时，是不是把所有的注意力都锁定在他的眼睛看到的东西上？一样的道理，现在你是用心灵的眼睛在观察你自己，你的注意力看向哪里，你心灵的眼睛就指向了哪里。完全锁定在自己的身上，你就成功地做到了第一步。

这真的是一份有趣的工作。这份工作原本不是我们这个年龄才开始学习的，童年的我们天然就有这种觉察的能力。我跟 6 岁以前的孩子在一起长达 30 年的时间，许多孩子长到了 30 多岁，他们依然有非常好的觉察能力。这种觉察能力从出生开始到 30 多岁，自然地在他们身上存在并使用了 30 多年。你想象一下，这样的能力被使用了 30 多年，是一种何等强大的力量和财富。可惜的是，我们很多人在童年丧失了这种能力，现在我们重拾生命中丢失的最宝贵的这个智能。它是我们成长的必经之路，是打开生命和精神大门的一把金钥匙。

如果不强制儿童，如果允许儿童按他自己的节奏成长，如果不对儿童灌输，以爱的方式对待儿童，儿童会永远地在觉察中。他用心灵的眼睛觉察自己内在发生的一切，也用他身体的眼睛观察外在的世界发生了什么。这份工作在幼儿出生的那一刻起，一直到 6 岁，自然而然地发生着。儿童是自发这么做的。一个小朋友站在舞台上，本来她要唱歌跳舞，但她突然不唱不跳了，她站在那儿不吭气，看上去在发呆……很多父母不知道她发生了什么，实际她在观察外面的时候，已经把注意力放在自我观察上了。观察是要注意力高度集中的。所以，她既不唱，也不跳，而是把所有的注意力都放在了观察上。成人也是一样，因为你无法让注意力同时放在多个目标上。高度专注，指的就是必须把注意力锁定在一个目标上。

人的状态应该是用肉眼观察看见的世界，与此同时，还用心灵的眼睛观察自己内在的世界，这才是一个状态平衡的人。所以对于儿童来说，0 ~ 6 岁，他天然就是一个自我观察者。你一定会问为什么，我既然是一个天然的观察者，为什么我现在不会观察自己了呢？原因是在我们的童年，在我们的父母那里，在我们的老师那里，或者在我们的教育那里，我们逐渐远离了自己，逐渐失去了自己，逐渐忘记了自己。我们的注意力从我们生命的里边被拉了出来，去看外面的世界给我们的评定；我们天然的自我观察能力被拉向了外面，使我们丧失了自我觉察的功能。实际上，这是一种功能的丧失，我们不再健全。

爱自己，就是让自己成为一个完整的人，就是让自己成为一个状态平衡、和谐的人。这部分的功能是何其重要，因为它是通向找到我们生命秘密的一把金钥匙。

我和自己在一起

现在的我们想重新把这种能力找回来，就变得有一些困难，但是又必须这样做。所以我们需要学习，需要练习，这是我们爱自己的一个开始。开始和自己谈恋爱，开始在寂静中看见自己，开始把时间和精力给予自己，开始了解自己、理解自己、包容自己，开始知道“我喜欢什么？为什么？”“我不喜欢什么？为什么？”，知道“我有什么情绪？”“我的感受是什么？”“我要往哪里去？”“我是谁？”总之，“我”要用大把的时间和自己在一起，关注自己的一言一行，陪伴“我”自己的喜怒哀乐。

就像我的一首诗《我》——

我就从了解我自己开始吧，
像第一次恋爱，
我爱上了陌生的我自己。
和爱上别人完全不同。

每一秒我都和自己无缝相处，
没有分离和渴求的焦虑。
我做和不做，都无法欺骗我。
爱还是不爱，由我选择。

我就从观察我自己开始吧，
观赏我海啸般的情绪。
山崩地裂似的雄伟和壮观。
还有缠绵悱恻像山间的云雾。

我就从发现我自己开始，
撒谎时精明得像个谋士，

助人时善良得像个天使。
诅咒自己时像个法官铁面无私。

我还惊讶到，
我站在桥头就备感自己伟大，
可是人群中的我又渺小又卑微。
我瞬间踌躇满志，瞬间又沦陷到沮丧。

我还看到我自己，
春风得意时的轻狂，
马失前蹄时的患得患失。
慈悲时像佛，憎恨时又变成了阎王。

可是我还是感觉到，
太阳照耀大地时，
我爱上了我自己，
月亮出来时我陪伴着我自己。

我还发现，
我不嫌弃我。
我喜欢我的眼睛，
我也不讨厌我身上的污垢。

我不抛弃我，

我总是喋喋不休地和自己说话，
无论悲伤还是喜悦，
我都忠实地守候着我。

在我闲暇的时候，
躺在草地上晒着太阳，
我发现原来我既伟大又渺小，
既高尚又卑鄙。

我漫步在空寂的竹林里，
原来我既善良又恶毒，
我既美好又丑陋。
人与人有多大的区别呢。

我爱上了我自己，
我打算就这么轻松地活着，
没有什么要放弃和自责的。
我已经爱上了我自己。
爱上自己真的很好。

我们希望可以重新找回自己和恋人谈恋爱的感觉，那是最浪漫的时期，也是最幸福的时期……然后结婚、生子，然后生活就开始了一系列的重复。付出和获得的不平衡，使我们缺失得太多而没有补给，我们渴望、期待，责备对方，怎么爱在这个时期消失了呢？实际上，你也失去了这种爱的感觉。

这个历程，大概全人类都在经历。也许我们失掉的不是爱，也许我们收获的是回归。那个青春的旅程，那种爱的浪漫，那个索取的状态，那个借助别人获得快乐的生命过程，在孩子出生的那一刻，完成了。我们开始变成一个给予者，尤其是做了母亲后，开始真正地成为一个给予者。外面没有这种能量的源泉，而给予者内在必须有一个爱的源泉，你才不至于枯竭。所以，请回到自己的生命中，请学会爱自己。

爱上自己的感觉

我自己正走在这个旅途中。爱上自己的感觉和被爱的感觉，真的完全不同。被爱时，你有一种如获至宝的心跳；你会激动，担心失去；你会有一种幸福感；你一会儿痛苦，一会儿幸福，五味杂陈；你有见面时的喜悦，还有分离时的思念，看上去风景无限，变化多端；还有在关系中撞出彼此各种的心态；当然还有失恋后的绝望和痛苦。但是一旦你爱上了自己，那种感觉是满足、是平静、是喜悦，安住在你的心中，是不渴望，不乞求……是把你的生命之门一扇一扇打开。你不仅会发现你曾经在童年的失落，你更多地发现自己生命的特质，你是那样的独一无二。你会发现，天堂就在你的内在。虽然都是爱，但爱自己是这样的截然不同。

我们本来就是要经历童年的被爱，青年时的恋爱，有了孩子之后的自我成长中的自我关爱。这样的历程本来就是我们生命的一部分。但是我们在成长的过程中，在我们受教育的过程中，在我们的文化中，最后的这个历程被截断了，忘掉了。请你相信一点，最后我们死亡的时候，一定是独自一个人。听起来好像很残忍，但是最后这个独自一人的环节，是带着我们自己的爱，陪伴着自己，这个过程就变得温暖和淡定了起来。

当你把注意力拉回到自己的身上，然后开始熟悉自己的时候，开始观照自己的时候，开始观察自己一言一行的时候，你会逐渐地爱上自己。当你自己能坐在沙发上，跟自己喜悦地待在一起的时候，你就能知道爱自己是何等的富足，何等的满足。你所需要的那些得不到的爱，在你爱自己的那一瞬间，坑洞就被填满了。没有什么缺失，你可以感觉到“本自具足”这个词的含义了。

在觉察中成长，构建自我

观察什么

在《完整的成长》这本书里，我详细地讲解了我们内在的世界里有什么，有感觉、有情绪、有心理、有认知、有精神，有一个自我，当然从教育学的角度说，我们还有一个精神胚胎。或者从另外一个角度来说，我们有意识、有潜意识、有灵性，还有宇宙意识。内在的这部分是逐渐成长起来的，并发展成为一个系统。但是在成长的过程中，我们不知道创伤把我们搁浅在了哪个层面，所以观察一定是从最简单、最直接的那部分开始的。先观察我们的身体，这是最容易观察到的。无论你的感觉、情绪、心理、精神发生了什么，一定会体现在身体上，体现在某个部位上。所以，我们一开始要学会观察身体以及身体的反应和感觉。然后是我们的情绪，然后是我们的心理，然后是我们的想法。当你对这些观察熟悉的时候，你便熟练地开始观察每一部分，所谓来什么观察什么……你会继续深入地观察，直到可以观察到生命最核心的部分。这样的观察和成长，让你建构了一个强大的自我。借助这个自我，你可以观察到那个精神胚胎。这个时候，你就和宇宙的法则联结在一起了。这不是迷信，而是科学。

第一个容易觉察的是我们的身体。时刻觉察你的身体就是一种爱自己的方式。在童年，或者现在，或者老了，或者在死亡之前，只要我们活着，我们的身体都需要被触摸。当我们被触摸的时候，我们就会有巨大的愉悦感，这跟性实际是没有关系的。肯·威尔伯说他一个人独处了3年，别人都以为他第一需要的是性，他说实际不是，第一需要的是满足肌肤的饥渴感，他需要被触摸。当我们把肌肤需要被触摸和性剥离开的时候，我们就知道如何来满足自己的需求。我曾经读过一本书，讲到一位男性在外工作了几个月后，他回到城市的第一件事就是去按摩。他说："我要照顾一下我的身体，让我的身体变得更加松弛、舒服。"这就是他爱自己身体的一种表现——主动、明确。要知道，我们的情绪、心理、思想、精神，最后都会在我们的身体上呈现出来。我们不要过度地让身体承受压力。

第二个容易觉察的是我们的情绪。我们会快乐，也会失落；我们会生气，也会喜悦；我们会惊恐，也会安然；我们会难过，会嫉妒，也会开心和有爱，这些都是我们的情绪。我们还有感觉，我们闻到一种味道、看到一个东西都有感觉。我们也有心理，当我们看到一种东西的时候，我们就会联想到很多很多，甚至跟一个朋友在一起的时候，你会讲童年的故事，讲自己的经历，这些故事都是我们的心理活动。我们还会根据这些故事得出一个基本答案，比如，丈夫不再像谈恋爱的时候那样对待我了，我们就会得出一个结论"他不再爱我了"，这就是我们的思维、心理活动产生的认知。与此同时，我们还有精神，我们喜欢听音乐，喜欢哲学，喜欢读书，喜欢坐在一起谈论精神，共度精神生活，这给了我们极高的愉悦感。你看，所有这些都是在我们生命的里面，它们是一个庞大的系统，彼此合作，相互作用。我们观察的就是我们生命内在的这些东西。

意识之光

观察的秘密在于，你有能力停留在观察的事物上，锁定在那个内在的反应上。不是你看见了，而是你在瞬间就停在了那里。比如，当你跟别人对话的时候，你感觉到心口被堵住了，那么请你马上停下，把注意力停在身体的那个部位上，高度集中在那个部位，让你的意识之光照在那个部位上，并停留在那里，直到你感觉这项工作完成了。不要评判，不要加进自己的任何设想，只是把那束光照在那个堵住的地方。这就足够了。

像科学家那样，瞬间停下，一把抓住，然后把注意力锁定在你要观察的对象上。当你不断练习的时候，当你把这种方式变成一种习惯、一种习性的时候，你会发现自己的观察能力越来越强。无论你做什么，即使是你在跟别人吵架的时候，你依然在觉察自己。

一位老师曾经告诉我们，有一次，他在路上碰到了一条特别大的狗，那条狗看上去非常凶猛。当狗走近他的时候，突然对着他吼叫了一声，恐惧立刻占据了他的内心。就在那一瞬间，他说他一把就“抓”住了那个恐惧，接着恐惧就消失了。

这就是一个自我观察的人达到熟练程度时的一种境界。当然，不是他的手一把抓住了恐惧，而是他内在的那束意识之光，“砰”的一下照到了那个恐惧，力量之大，瞬间就让恐惧消失了。

自我觉察

也许你要问，我为什么要这样做呢？我为什么要花这么多的精力去观察我自己呢？为什么要把自我觉察或者自我观察称为爱自己呢？

因为从 1 岁开始一直到此刻，你都是你的体验者，你都是你的读者，没有任何人可以完全知道你的故事，你经历了什么。你能触动对方的也只是对方跟你有同样的经历，你的诉说是你的需要，那一时刻引起的共鸣可以留在你的心中。你永远都在和自己相处，时刻都在体验着你自己，如果你读不懂自己，不明白自己，不清晰自己，这该有多么大的困惑！即使是这样，也只有你自己能知道，除你之外，在这个地球上没有任何一个人能够清楚。所以，当你把你的酸楚、你的辛苦说给任何人的时候，对方都没法完全有你的体验，只有你是自己纯粹的体验者。

我们为什么说爱是生命的法则，爱是最高的精神，爱是最大的善，爱是最高的激情，爱是人与人之间最理想的关系？因为爱让我们处在同一个振动频率中，让我们能感知到完整、整体。爱，可以让我们彼此的生命相互流动，爱是一个灵魂照见另外一个灵魂。甚至有人说，爱存在于我和你之间。

但爱是有阶段性的，爱的历程贯彻一生，我们走过了一个阶段又一个阶段。我们从获得爱，到能够相互给予爱，到最后爱上自己，成为一个爱的源头。我们就完成了爱的历程。

如果人的一生都寄希望于从外面获得爱，那你一定一直处在匮乏中。无论你的童年有没有获得爱——也许我们的童年是富足的，我们得到了爸爸妈妈足够的爱，那当然幸运。可是依我看，我们太多的人是缺失爱的，我们太多的人是在创伤中长大的。所以，作为一个观察者，我们实际是在自我救赎。我们可以透过爱自己，来弥补童年的缺失，来疗愈创伤中的自己，来照见自己的本性。那样，你会觉得人生没有那么苦。

我想起一位父亲和他孩子的对话。

这位父亲说：“只要做到一点，我就什么都不用担心。”

儿子说：“是什么？”

父亲说："无论你做什么，都请你觉察自己。"

当你成为一个观察者的时候，当你已经养成习惯时刻觉察自己发生的任何事情时，无论你是找人倾诉、对别人发怒、指责别人、到外面寻求安慰、寻求爱的愿望……你都会发现，你生命里的一切都开始流动了起来，你开始了解你自己，你开始停留在你的内在，你开始像个科学家那样使用起了望远镜。而最有趣的是，当你对自己越来越熟悉的时候，你对外在世界也开始越来越有洞察力、越来越清明。

观察自己有许多有趣的现象。你会在观察自己的过程中，看到自己生命中发生的许多事情。你会发现在你的创伤中，那个能量储存在不同的部位。有的人出现情绪时，有时在心口的部位，有的人在头部，有的人在眼睛处，有的人在嘴巴，有的人在喉咙、腹部、大腿部，有时候在身体的前面……无论在何处，在身体的哪个部位，你都把注意力高度集中在那个部位，观照它，把你所有的感觉都集中在那个地方，不做任何评判，你只是像一个天文学家那样，认真地看着它……你会发现你的身体开始产生变化，你的情绪开始流动，你的心理开始转变，你的生命也开始变化，你会越来越走进自己的心灵深处，就像走进了我们生命中的秘密花园。你会发现这里有一座秀丽的山峰，那里有一个湖泊，那里有一块荒凉、贫瘠的土地，那里有一堆垃圾……我们就开始有意识地料理我们的花园。走得越深，就会发现我们的生命展现得越多，我们就越爱自己。这就是我们说的，观察自己就是对自己的爱。

找到自己

我个人是一个忠实的自我观察者。曾经在许多年前，我就对自己说，要把自我观察或者自我觉察变成我的一个生活习惯。我有意识地练习这种能力，在生活中无论遇到任何事，无论在何种情况下，我都在践行这种方式。

举个例子。我在看一部电视连续剧，里面的内容把我的内心触动了，比如一看到武打片打成一片，我的心跳就会加快，我会立刻把电视停下来，把眼睛闭住，立刻感知到身体里心轮的部位，我便高度集中自己的注意力，对她说：“我知道，我知道，我知道……”直到我的心慢慢恢复到完全正常的状态。是我承受不了电视画面中的那种残酷、那种血腥，还是我童年有创伤？我都不管，但是我知道我的身体就是这样反应的，我就停下来，把注意力放在身体里，直到完全平复。

有一次，有一个人指责我，我就看着他，很安静地看着他，但是我已经把我所有的注意力都集中在了我的内在。我内在的能量开始产生变化，在这种变化中，我的注意力全然放在观照中。其后，他说：“你很有教养，很有格调，很有素养。”最后他不说了，他自己也变得安静下来了。我知道他的创伤出来了，而我此刻最好的选择就是观察我自己。我把注意力放到自己的内在，先去面对自己。我没有时间去争执，当我把自己照顾平顺了，对方也安静了下来。你看，爱自己实际也是在爱他人。我真正地存在着，我存在于我的中心，最后他也存在了。爱保存了我自己，也将他从创伤中拉了出来。

我们生命的里边特别像一个庞大的组织机构，这个机构一定有一个最高的管理者，最高的管理者是谁呢？等你尝试着观察之后，你就会发现最高的管理者，最高的管理者就是观者，观者就是最高的管理者。这个秘密，只有在你不断地学会观察自己的时候，才能够从你的生命中一点一点得到体验。所以，观察自己是在召唤你的觉知者。当你熟悉了自己，无数次地重复观察你自己，无数次地看见你自己，你对自己就越来越熟悉，熟悉到你会感知到自己会发生什么情况，在这种情况下你会自然而然有什么反应。这个时候，就像你走进了自己的花园，你对这个花园太熟悉了，由于太熟悉了，你就全然接纳了那个部分。最初你只是一个探险者，你只是在探索你的世界。然后你发现了这个花园，当你走遍花园的每一个角落，当你把花园料理得井然有序、整洁的时候，你就真的太熟悉它了。她就是你的内在，那个花园是你的。

你不仅仅是接纳了你自己，而且你欣然地看到你生命里边的一切变化。你会发现你的生命有一种能力在增长。你越是了解自己，你就越是了解你之外的世界，你就越能够洞察你周围的世界和人，你就对这个世界越发清晰了。

另外一个秘密，就是你越是接纳自己，接纳更多，你就越能接纳别人，接纳这个存在的世界。你发现了观察者，你发现了觉悟者，那个观者就是你生命系统里的管理者，这个时候你就真正能够和自己亲密无间，你会爱上自己。

你知道吗，爱上自己有多么愉悦！那种爱是何等的温暖，何等的可靠，你永远都不会失去，而且永远伴随着你的那个观者，永远都跟你在一起。观者就是你，你找到了你自己。

你获得的最大礼物，就是一个独立自主的自我开始呈现了，这个自我越来越强大。你一定会问，这一切可能实现吗？

有一个真相，这个真相就是人类高于动物的唯一不同点，就是人可以自我觉察，人可以反观自己。所有的动物都不具备这种能力。动物在捕食时不会有什么感受，狮子吃羚羊时，绝对不会觉得这太残忍了。“太残忍了”，这是人类内观的一个结果。

“我表现得不好”“我太成功了”“我是英雄”“我好自卑”“我痛苦”……所有这些，都是人类内观的结果。“我爱他”，同样是人类内观的结果。这个状态只有人类才有，所以人类才会在生物链的顶端。如果你丧失了这一点的话，只带着人类本然拥有的能力活着，而没有将这个更高的能力提炼出来，得到更好的发展和提升，这真的是一个巨大的损失，损失之大不可想象。如果你透过每天练习自我觉察，即使岁月会流失，在流失的岁月中，你的生命的进化也会像一轮明月，慢慢升起……

自我觉察是生命给我们的一个特别的礼物，借助它，我们找到自己。

附录

净化儿童生存环境全民行动书

今天，我们想要尝试从最简单的举动开始，让全社会行动起来，共同耕耘出一片能看见儿童、尊重儿童、保护儿童成长的土壤。

因为，这个国家的未来不是某个人的未来，是我们共同的未来；孩子也不是某个人的孩子，他们是我们的孩子！

我和我的团队所做的最重要的工作就是：唤醒爱！

让我们从自己开始，从这些点滴的行动开始，唤醒全社会对孩子的爱！

不论您是谁，在哪里，当您的眼睛与孩子的眼睛对视的时候，请您报以友善的微笑。

不论您是谁，在哪里，当您想要和一个孩子说话的时候，请您蹲下身，让您和孩子处于同一个视觉高度，看着孩子的眼睛。

不论您是谁，在哪里，发生了怎样的事情，绝对不要跟孩子说：“你再这样，妈妈（或爸爸）就不要你了（或不喜欢你了、生气了）！”

不论您是谁，在哪里，发生了怎样的事情，请不要对孩子大声呵斥，甚或使用更为暴力的行为。

不论您是谁，在哪里，当您看到哭闹的孩子时，请您给孩子的情绪一个允许和一个空间，并报以最大的耐心和理解。

不论您是谁，在哪里，请尊重孩子对自己物品的所有权和支配权，不试图以道德劝说甚至要求孩子分享属于他的物品。

不论您是谁，在可能的情况下，当孩子专注时，请不要打扰孩子，让孩子按照自己的时间和愿望完成一件事。

不论您是谁，在哪里，请尊重孩子的节奏，不试图用您的催促、责备、抱怨去加快孩子的速度。

不论您是谁，在哪里，请尊重孩子选择的权利，尊重孩子自己的喜好和偏爱，不试图强加您的个人想法和意志。

不论您是谁，在哪里，请尊重孩子的内心感受（比如：恐惧、害羞等），不诱哄或勉强孩子做他不乐意或无能力承受的事情。

不论您是谁，在哪里，当一个孩子在向您表达和表述的时候，请用眼睛看着孩子，认真聆听。

不论您是什么样的身份，什么样的角色，与孩子是什么样的关系，每个人都有责任和义务维护孩子的处境。

维护意味着我们自己身体力行，同时也规范和促使环境中的他人共同维护；维护还意味着当您遇到一个人对儿童施予任何形式的暴力时，请告诉他对待儿童的正确方式。

图书在版编目（CIP）数据
在爱中成长 / 孙瑞雪著. -- 北京 ：中国妇女出版社，2024. 7. -- ISBN 978-7-5127-2393-1
Ⅰ. G781
中国国家版本馆CIP数据核字第2024SA1044号

项目统筹：廖晶晶
责任编辑：应 莹 赵 曼
封面设计：介末设计
责任印制：李志国

出版发行：中国妇女出版社
地 址：北京市东城区史家胡同甲24号 邮政编码：100010
电 话：（010）65133160（发行部） 65133161（邮购）
网 址：www.womenbooks.cn
邮 箱：zgfncbs@womenbooks.cn
法律顾问：北京市道可特律师事务所
经 销：各地新华书店
印 刷：北京通州皇家印刷厂

开 本：170mm × 230mm 1/16
印 张：19
字 数：280千字
版 次：2024年7月第1版 2024年7月第1次印刷
定 价：59.80元（软精装）